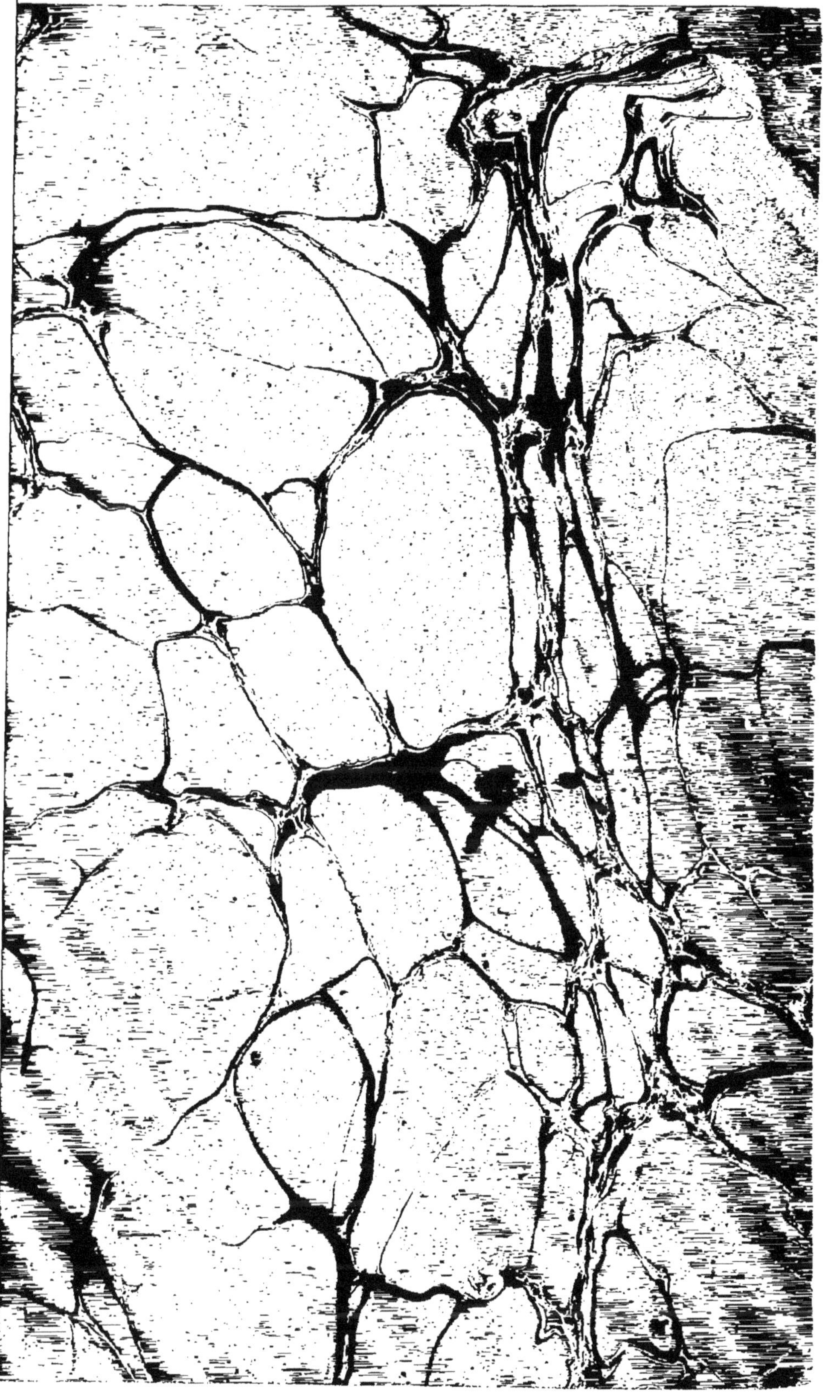

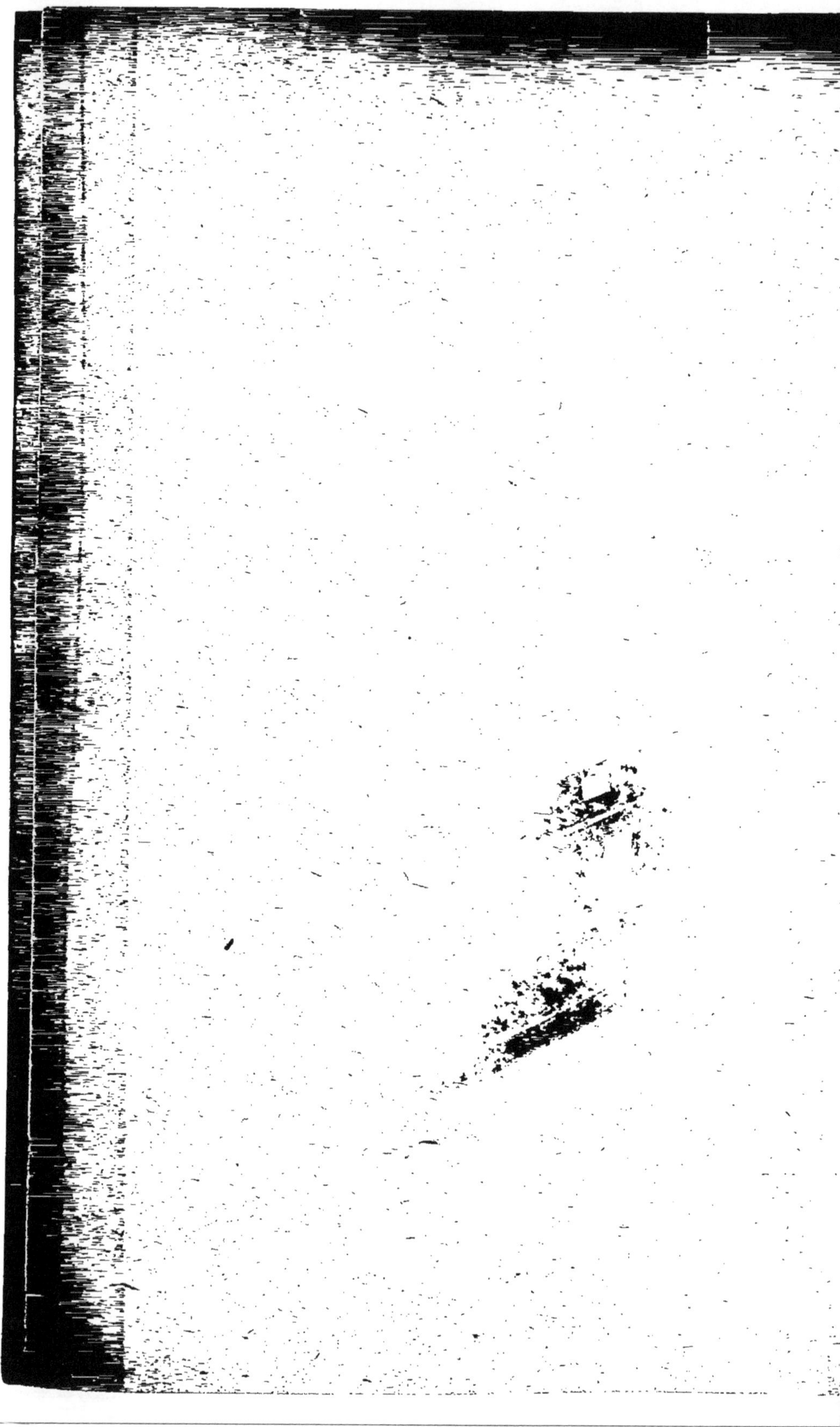

JOHN
GRAND
CARTERET

PRIX
2 fr. 50

MUSÉE
PITTORESQUE
DU VOYAGE
du
TSAR

IMAGES
BIBELOTS
CARICATURES
CHANSONS, ETC.

MUSÉE
DU
VOYAGE
DU
TSAR

E. FASQUELLE
Éditeur
PARIS

PARIS
LIBRAIRIE CHARPENTIER ET FASQUELLE
EUGÈNE FASQUELLE, ÉDITEUR
11, RUE DE GRENELLE, 11
1897

IMP. FERD. IMBERT, 7, RUE DES CANETTES, PARIS

LE MUSÉE PITTORESQUE

DU VOYAGE DU TSAR

PARIS. — IMPRIMERIE FERDINAND IMBERT, 7, RUE DES CANETTES

PORTRAITS DU TSAR ET DE LA TSARINE

(Chromo fer-blanc. — Portraits-réclames. — Médaillon bois. — Médaille populaire).

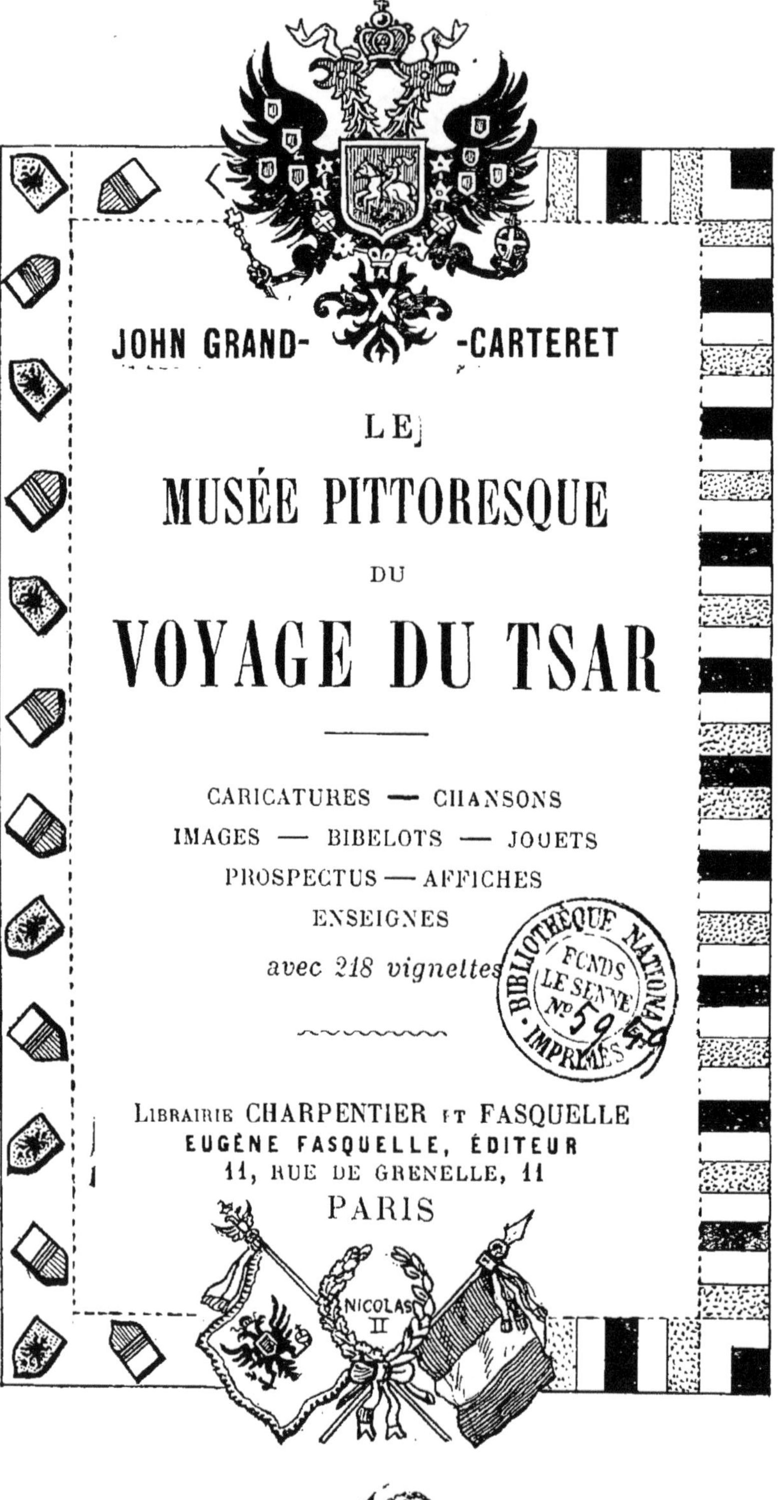

JOHN GRAND-CARTERET

LE

MUSÉE PITTORESQUE

DU

VOYAGE DU TSAR

CARICATURES — CHANSONS
IMAGES — BIBELOTS — JOUETS
PROSPECTUS — AFFICHES
ENSEIGNES

avec 218 vignettes

LIBRAIRIE CHARPENTIER ET FASQUELLE
EUGÈNE FASQUELLE, ÉDITEUR
11, RUE DE GRENELLE, 11
PARIS

NICOLAS II

A M. GASTON CALMETTE,

du FIGARO

A vous, mon Cher Confrère, partisan convaincu de l'Image, je dédie ce recueil de documents graphiques qui sera, quelque jour, un livre d'histoire.

Il m'est particulièrement agréable de pouvoir, en tête de ce Musée de la Satire et de l'Encens, inscrire votre nom et le nom du Journal qui, le premier, a fait connaître les caricatures et les bibelots nés de l'actualité franco-russe.

J. G.-C.

FLUCTUAT NEC MER[GITUR]
R
CRONSTADT
TOULON
1896

L'ours russe fêté par les Hongrois, par les aigles allemandes et autrichiennes, et par le coq gaulois que Marianne tient en laisse.

(*Figaro*, de Vienne, 26 septembre.)

SATIRE ET ENCENS

(GLOSE EN MANIÈRE D'INTRODUCTION)

Qui n'entend qu'une cloche, n'entend qu'un son.

Qui ne verrait le voyage du Tsar que par la caricature — française ou étrangère — aurait une impression bien incomplète de cet événement.

Qui le jugerait d'après les multiples objets créés, à cette occasion, par l'industrie parisienne, ne verrait que la note de l'enthousiasme débordant, sans avoir pu s'expliquer, très certainement, la raison d'un tel fanatisme.

C'est pourquoi nous avons pensé qu'il fallait

donner, en même temps, le pour et le contre, afin que l'on pût apprécier, sous toutes ses faces, ce voyage qui, deux mois durant, a mis toutes les cervelles à l'envers.

Si la caricature est l'arme des mécontents, l'éternelle protestation de ceux qui ne sont point de la fête, la vulgarisation des traits des personnages en vue, par tous les moyens et sous toutes les formes, doit être considérée comme la plus haute marque de popularité et de respect, en même temps, qu'un homme puisse obtenir sa vie durant.

Ce sera donc, à la fois, ici, le musée de la satire, du dénigrement constant, et le musée de l'enthousiasme, de l'adoration sans borne.

Côte à côte, on pourra ainsi contempler, réunies, les attaques graphiques des ennemis et les ingénieuses créations des partisans.

Qu'elles soient plus ou moins désintéressées, qu'elles laissent apercevoir l'intérêt politique ou qu'elles traduisent de nobles aspirations, la poursuite d'un idéal, les attaques sont presque toujours violentes, et quelquefois souverainement injustes.

Dans les pages recueillies ici, la caricature se montrera sous un double aspect : comme arme de combat et comme arme de protestation, suivant qu'elle proviendra de l'étranger ou de la France.

Nous ferons connaître tout à l'heure les raisons de cette dualité.

Après la satire, l'encens. Qu'il y ait eu, comme en toute chose humaine, un côté purement mercantile dans cette prodigieuse fabrication d'objets d'actualité russe, c'est là chose indéniable — tout le monde a voulu en produire parce que c'était là affaire de mode, au goût du moment, et, par conséquent, de vente facile — mais l'élan universel, l'enthousiasme des grands jours, pouvaient, seuls, mettre en mouvement une pareille ruche ouvrière. Et c'est pourquoi le musée populaire parisien en l'honneur du Tsar restera toujours, quoi qu'il arrive, un des exemples les plus étonnants de la popularité d'un homme et de l'emballement d'une population.

Dans cent ans, lorsque les historiens voudront connaître par le menu les impressions exactes de l'Europe sur cet événement, ce ne sont pas les écrits officiels qu'ils iront chercher, c'est aux estampes satiriques qu'ils auront recours, c'est le curieux petit musée du fanatisme « russophilesque » qu'ils viendront consulter ; car ce sont les deux documents typiques sans lesquels le voyage du Tsar à Paris n'aurait pas l'importance qu'il a revêtue.

Ici les caricatures, rendant bien l'impression

des violentes hostilités déchaînées, dès l'origine, contre cette visite inattendue ; là, les bibelots populaires qui pourront fixer définitivement sur l'état d'âme d'une capitale privée, depuis vingt-six ans, de la vue de tout spectacle grandiose.

Réceptions et fêtes, dîners et représentations de gala, toasts même, que reste-t-il de tout cela ? Des compte-rendus de journaux, tous taillés sur le même patron, tous d'un lyrisme débordant, et rien de plus.

Les caricatures, les images et les multiples créations dues à l'ingéniosité de nos artisans parisiens sont, elles au moins, choses durables, souvenirs ineffaçables, témoignages vivants contre lesquels il serait bien difficile de s'inscrire en faux.

Mais quoi !

Tant de bruit, tant de satires graphiques, tant d'objets d'un commun usage, dira-t-on peut-être quelque jour, pour la réception d'un souverain russe dans Paris ! Voilà bien les exagérations du tempérament français ; voilà bien les emballements irréfléchis ; voilà bien les illogismes de la nature humaine.

Que non ! Car si c'était là, autrefois, chose naturelle, ordinaire, lorsqu'il s'agissait d'une visite de souverain à souverain, c'est devenu aujourd'hui,

par la force des choses, un événement véritablement extraordinaire, puisque la troisième République n'avait pas encore eu les honneurs d'une
impériale visite.

On a voulu voir, acclamer le *Vir*, celui en qui
s'incarnent pour l'instant toutes les espérances,
tous les projets d'avenir ; celui qui représente la
Force, la Volonté, l'Homme dans sa toute-puis-
sance, à une époque et dans un pays comme le nôtre
où il n'y a plus que des forces qui s'usent à se combattre, plus que des volontés chancelantes ; pas
une énergie, pas un courage pour rendre à la nation
ce qui lui manque : une direction.

Et c'est la raison d'être des images, des bibelots,
des chansons, de toutes ces créations populaires
ayant pris naissance avec la rapidité d'une traînée
de poudre.

L'Europe peut ne rien comprendre à cet emballement ; la caricature française a considéré de son
devoir de le combattre, il appartient aux philo-
sophes, aux observateurs de l'expliquer ; c'est ce
que je viens de faire.

Ici donc, on trouvera le dossier complet, je ne dis
pas l'attaque et la riposte puisque ennemis et amis
n'ont pas eu recours aux mêmes armes, et l'on
verra que si l'engouement de Paris fut extraordi-

naire quoique moins anormal qu'en 1815, la violence des satires s'élevant au delà de toute mesure excuse et explique, du moins, la *tsaromanie* invétérée qui sévit sur les bords de la Seine.

Et puis quoi?

D'autres qui n'étaient point César ont, eux aussi, éprouvé les mêmes attaques et joui des mêmes privilèges.

D'autres — tels Thiers, Gambetta, Jules Ferry, Boulanger, pour ne point sortir de chez nous — furent, en leur temps, pipes, timbres-poste, tapis de table, verres ou bouteilles, pantin, et même pain d'épice.

Leur popularité a été plus ou moins grande parce qu'il est, pour ces sortes de propagandes, des époques plus ou moins propices, mais elle a reposé sur les mêmes bases et s'est manifestée de la même façon.

Le Tsar, lui, aura eu le privilège de venir à un moment où celui qui est l'homme du jour se trouve être, forcément, l'homme des étrennes et a des chances pour détenir le record de la popularité à la prochaine foire du Trône.

Et voilà comment un acte politique considérable, l'Europe ne s'y est pas trompée, puisqu'elle a décoché contre lui les caricatures les plus violentes, a fait de l'empereur de toutes les Russies, et de la Russie elle-même, les fournisseurs et les tributaires, en même temps, de l'industrie parisienne.

Seigneur Dieu ! quelle iconographie ! Juste ciel ! quelle bimbeloterie !

Bustes du Tsar et de la Tsarine en carton repoussé.

SIMPLE COMPARAISON

Ne pas confondre autour avec alentour.

Croquis original de Pirouette (Gustave GIRRANE).

Vignette faisant partie d'une composition intitulée :
Grand hôtel de l'Europe, par Fernand Fau. (*Le Rire*.)

I. — LA CARICATURE

LES CARICATURES FRANÇAISES

Attitude des journaux. — La satire politique n'abandonne point ses droits en présence du Tsar. — Quelques rares vignettes contre la Triplice. — Vignettes humoristiques contre la badauderie humaine.

I

Bienveillantes ou hostiles — je reprends ce que je disais en 1893 lorsque je publiai les caricatures sur l'alliance franco-russe — ce sont ici les images célébrant sur tous les modes le voyage du Tsar à travers l'Europe, je veux dire en Autriche, en Allemagne, en Angleterre, en France.

Hier le premier acte ; aujourd'hui, le second, en attendant la conclusion. Ici, les images étrangères ; là, les images françaises, et si, comme en 1893, les premières exprimant les sentiments intimes des nations européennes toujours plus ou moins jalouses de la France, de la fertilité de son sol, de la stabilité de son crédit, font preuve d'une mauvaise humeur non déguisée, qui se traduit, suivant les pays, en une animosité directe, l'on chercherait vainement, parmi les secondes, l'enthousiasme débordant, l'emballement irréfléchi de la première heure.

En 1893, la caricature française avait abdiqué, ou plutôt, tout à la joie de l'alliance nouvelle, elle avait dirigé ses traits contre les pays de la Triplice, contre l'Italie surtout, cette sœur ennemie qui ne cesse de nous attaquer par la plume et par le crayon.

En 1896, elle reprend ses droits, non pas qu'elle soit antipatriote, non pas qu'elle soit opposée à l'alliance francorusse, mais parce qu'il lui a semblé, cette fois, que l'enthousiasme, l'emballement dépassaient les bornes de la bienséance républicaine et de la dignité nationale, parce qu'il lui a paru que les républicains français se jetaient avec trop d'empressement, vraiment, dans les bras du souverain autocrate de toutes les Russies.

Dans ces préparatifs, dans ces multiples recommandations, dans ces ballons d'essai quotidiennement lancés par la presse soit au sujet du cérémonial et des exigences du protocole, soit au sujet de la nécessité pour le Président de la République d'apparaître, si ce n'est en toilette plus décente, du moins en costume plus décoratif, elle a cru voir je ne sais quels appels au pouvoir personnel, je ne sais quel retour aux institutions monarchiques, je ne sais quelle résurrection du boulangisme, et alors, elle a taillé ses crayons, elle a poursuivi de ses sarcasmes graphiques président et ministres, tout le monde officiel.

Très certainement aussi, elle a voulu répondre aux attaques passionnées des caricatures étrangères, accusant la France de platitude, de servilité, lui reprochant un esprit

d'obséquiosité, d'adulation qu'on irait vainement chercher dans les pays les plus monarchiques, faisant ressortir
l'illogisme profond de cette alliance entre une République
démocratico-parlementaire et un souverain exerçant le pou-

Grande composition (page double) de *la Vie Parisienne* (22 août.)

voir absolu, sans contrôle aucun. Si bien que, ce que les
crayons italiens ou allemands faisaient dans un esprit d'a-
nimosité à peine déguisé, se servant contre nous de toutes
les armes, les crayons français l'ont fait au nom des principes que la France, d'après eux, a pour mission de défendre,
et au nom de ce qu'ils estiment être la dignité nationale.

Ceci pour expliquer un changement d'attitude, fort com-
menté, paraît-il, en haut lieu, et cependant bien compréhen-
sible, pour peu qu'on veuille faire la différence entre la vi-

site des marins russes en 1893 et la visite du Tsar en 1896.

Ceci, surtout, pour qu'on n'accuse point les crayons français d'avoir manqué de patriotisme, de n'avoir pas, comme les plumes françaises, chanté les louanges du souverain qui nous honorait de sa visite.

Si patriotique qu'elle soit, l'image a son rôle particulier, sa mission spéciale.

Arme de combat, instrument de rire, elle ne saurait être *gobeuse* lorsque le ridicule humain remonte à la surface et lorsqu'il s'agit d'épiloguer sur les bagatelles d'un protocole. Elle a pu, naïvement, chanter la gloire de Bonaparte, créer toute une légende fictive autour du général Boulanger ; tresser des couronnes au Tsar eût semblé être, à ses yeux, la pire des palinodies.

A vrai dire, la personne du souverain est restée en dehors des satires graphiques ici recueillies. *Charivari, Rire, Grelot, Silhouette, Pilori, Journal Amusant, Vie Parisienne, Chronique Amusante, Étoiles, Courrier Français,* tous, qu'ils servent les passions politiques ou qu'ils appartiennent à la grande école de l'observation, de l'humour, n'ont eu en vue que l'accès de monarchisme aigu dont le pays vient d'être atteint et l'éternelle

L'équilibre européen — *Le Tsar à la Trulice* : Honneur aux vaincus de 1870.
(Charivari Oranais et Algérien, 7 octobre.)

badauderie humaine allant s'étouffer dans les rues pour voir passer, de très loin et à toute vitesse, des ombres de

cavaliers, des ombres de voitures, des ombres de personnages.

Si les plumes des écrivains ont été ultra louangeuses,
écrivant, par le menu,
les enchantements et les
émerveillements des deux
inoubliables journées, les
crayons des dessinateurs
se sont tournés vers la
satire avec un égal entrain.

Ce que disaient Berlin,
Munich, Vienne, Rome,
Turin, Amsterdam, Berne,
Genève, Paris lui aussi se
trouve donc l'avoir dit par
le crayon de ses caricaturistes, qu'il se soit agi du
Président en habit noir à la
recherche d'une livrée particulière pour réception de
souverain, ou des exagé-

Vive le tsar ! par Fertom.
(Le Pilori, 11 octobre.)

rations d'un servilisme qu'on croyait à jamais disparu ; ce
qui prouve qu'il est au-dessus des intérêts du moment des
choses éternellement vraies, et que, sur certains points,
ennemis et amis peuvent se rencontrer, quoique le mobile
auquel ils obéissent soit d'un ordre absolument différent.

Publiée dans le *Rire*, le *Grelot* ou le *Pilori*, telle image
apparaît purement humoristique qui, dans le *Kladderadatsch* ou le *Fischietto*, revêt immédiatement un caractère
nettement hostile. Et cependant l'interprétation est la
même, et cependant la conclusion qu'on doit en tirer se
trouve être identique.

Si bien que tandis que Paris, par ses images répétées,

criait : *Gare au ridicule ! Assez de platitudes ! En amis, en égaux, pas en vassaux ! Ne donnons pas à l'Europe le spectacle toujours grotesque de gens qui ont honte de leurs parents* ; l'étranger, soit par crainte de voir se cimenter de façon plus durable l'alliance franco-russe — tels les pays de la Triplice — soit par fidélité aux principes républicains — telle la Suisse — lançait contre nous toutes les armes du Rire et de la Satire.

De-ci, de-là, dans la presse illustrée de province, on pourra rencontrer quelque image de circonstance dirigée contre l'Allemagne ou contre l'Italie ; à Paris, exception faite du *Pilori* et du *Petit Journal* qui, d'après le Laocoon antique a, en une amusante image, représenté *le Nez de la Triplice*, inutile de chercher ; la satire humaine, le vieux fond de gavrochisme ont pris le dessus, les principes l'ont emporté sur les intérêts, quelle que soit, du reste, l'opinion des journaux, qu'ils soient simplement républicains ou ouvertement socialistes. Sur ce point, les images du *Grelot* font chorus avec les satires graphiques de *la Sociale* ou du *Père Peinard* qui vient, pour la circonstance, de réapparaître à l'horizon.

Et cette attitude est encore plus frappante en présence de ces deux faits : l'abdication presque complète de la caricature anglaise pleine d'aménités pour l'hôte, pour le parent de la reine Victoria, l'entente absolue de la caricature européenne dans ses attaques contre nous.

Quoi qu'il en soit, placée entre ces deux dilemmes : encenser ou critiquer, la caricature française n'a pas hésité ; elle s'est souvenue que nous étions toujours le pays de Rabelais, et que, même en temps d'alliance russe, même au moment du voyage du Tsar, le vieux rire gaulois ne devait pas perdre ses droits.

D'où les amusantes et malicieuses images de Caran

d'Ache, toujours si pleines de bonhomie ; d'où les satires
mordantes de Forain ; d'où les spirituelles et gracieuses
compositions de Willette, ce Watteau du modernisme; d'où
les irrévérences dessinées par les crayons de second ordre
pour les illustrés qui s'étalent à la devanture des kiosques:

Doux Pays

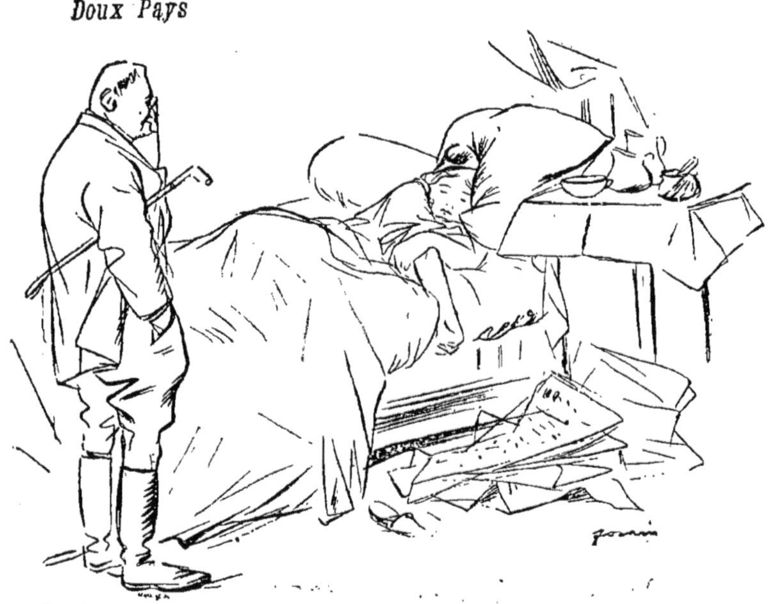

— Ça n'est pas que j'y tienne, mais pourquoi ne veux-tu pas de députés avec nous ?
— Ma chère, quand on invite quelqu'un à dîner, on ne lui montre pas la cuisine.

Composition de Forain (*Figaro*, 1er octobre.)

La conclusion logique, elle m'a été donnée par un de ces
crayonneurs de bonne composition : « Puisque l'alliance russe
nous permet de faire le pied de nez aux autres, maintenant, elle doit bien nous permettre, aussi, de fustiger nos
ridicules. Et au moins, de la sorte, Allemands et Italiens
ne pourront plus, se posant en redresseurs patentés des
torts des autres, prétendre nous faire la leçon. »

C'est pourquoi, française avant tout, la caricature française a, en 1893, chanté l'alliance russe au service de laquelle elle saura toujours mettre ses crayons ; c'est pourquoi, humaine aussi, lorsqu'il le faut, elle a quelque peu malmené sans qu'on s'en soit aperçu, en ces jours de fête, le protocole et autres *bétisania* sociales.

Lui en vouloir serait un tort.

Et puisque ce volume, ce « musée pittoresque » repose, en entier, sur des citations graphiques, reproductions de caricatures et figurations d'objets, le mieux, ici aussi, sera de nous appuyer sur l'impression écrite d'un journal à caricatures, *la Silhouette*, accompagnant son dessin des réflexions suivantes :

L'EXCÈS EN TOUT EST UN DÉFAUT

Da stradsvi Rassia ! ! !
Autrement dit :
Vive la Russie ! ! !
De tout cœur nous le poussons, ce cri de fête en l'honneur du souverain ami qui, très courtoisement, nous vient faire sa visite de noces.

Mais de là à conclure, comme s'y prêtent si facilement tous nos Machiavels de grands confrères, qu'enfin sera signé dans cette solennelle circonstance et porté publiquement à la connaissance des peuples le fameux traité d'alliance dont nul encore ne semble pouvoir se flatter d'affirmer la teneur (voire l'existence) il y a vraisemblablement l'épaisseur de plusieurs illusions !

Ne donnons donc pas au voyage du Tsar plus d'importance qu'il n'en comporte en réalité et, dût en pâlir l'auréole du moderne Richelieu qui dirige notre politique étrangère, laissons à cette simple politesse son caractère tout intime, sans chercher à la hausser au niveau d'un événement politique considérable.

A vouloir s'élever trop loin dans les régions de rêve où l'ami Bobb suppose non sans raison que Monsieur Hanotaux vole... vole... vole, on pourrait bien finir tout uniment par se casser le nez !

Ce que pense *la Silhouette*, les autres organes satiriques le pensent également ; ces quelques lignes venant à l'appui de nos appréciations personnelles donneront donc la raison exacte des mobiles qui ont mis en mouvement les crayons de la caricature française.

Vive la Russie ! tant qu'on voudra ; mais du calme, de la juste mesure et pas d'exagérations !

Voilà la vérité.

II

Après la caricature politique, la caricature humaine.

La première n'avait point ménagé les politiciens, les *répu-blicains opportuno-moscovites* suivant le mot d'un jour-

LE TSAR A PARIS

Le Tsar arrive !...

(*Les Étoiles*, 9 octobre.)

Nous ne reproduisons, ici, que la première des deux images publiées sous ce titre. La seconde est intitulée : *Il est arrivé*, et nous montre la même place, vide, absolument ravagée. Seul, l'Anglais du premier plan, en caleçon, ayant résisté à toutes les attaques, à toutes les bousculades, apparaît comme le survivant de quelque affreux cyclone au milieu d'un amoncellement sans nom d'objets de toilette.

nal ; la seconde s'est amusée aux dépens du bon public, critiquant à tort et à travers, cherchant partout la petite bête, la note comique. Et l'on a revu tout ce qui se sert habituellement en pareille circonstance, tous les types, tous les gro-

2.

tesques de la comédie humaine : le marchand de crayons chamarré de décorations pris par la foule impatiente pour un général russe, le monsieur à qui le souverain a daigné sourire devenant, une fois rentré dans sa petite ville, une célébrité, ou le mitron portant un pâté à l'ambassade russe dont la casquette a failli amener une révolution.

Quelle occasion pour exercer sa verve !

Ici un spirituel annotateur des. petits faits de la vie parisienne, Maurice Marais, nous montre le fauteuil-lit du Tsar à l'Académie, « siège précieux pour affronter les discours dessous la coupole », les *pilons* des sergents de ville trouvant un emploi ingénieux, celui de porte-lanternes, les mouches se plaignant que les fleurs en papier des Champs-Elysées manquent de sucre.

Ailleurs, ce sont des charges sur les soupiraux à louer *pour voir passer le Tsar*, « les meilleures places qui se puissent trouver » ; sur les bêtises des couples paysannesques demandant à tous les sergots l'adresse de l'empereur de Russie et de *sa dame*, rapport à un couple de canards qu'ils voudraient lui remettre.

Et comme conclusion ces vignettes, toujours d'actualité en pareil cas : le Tsar enthousiasmé de la décoration très artistique des rues — la chaussée est vide de public tandis que tous les trottoirs sont noirs de sergents de ville. — Satire un peu trop mordante, à laquelle je préfère cette autre image, d'une réalité plus exacte :

« Faut-il que le spectacle soit féerique », lit-on au-dessous d'une image de la rue grouillante « pour que même ceux qui sont dehors et qui ne voient rien, restent ainsi pétrifiés d'admiration ! »

En somme, la menue monnaie de ces sortes de revues graphiques, l'habituelle satire des choses humaines, des fêtes et des spectacles, quel que soit leur but, le rire sous sa

forme la plus naturelle. Qu'il s'agisse d'une première à grand
tapage, d'une première historique, tel le *Lohengrin*, d'une
grande revue ou de l'entrée d'un souverain, c'est toujours la
même chose, ce sont toujours les mêmes amusantes vignettes.

Turba ruit ou *ruunt* : hier, au-devant d'un arabi ou d'un
Li-Hung-Tschang, pour voir passer des perroquets ou circuler une chaise à porteurs ; aujourd'hui, pour s'étouffer dans
une foule compacte, derrière des haies de sergents de ville
et de cuirassiers permettant à peine de jeter un regard
furtif sur le spectacle que l'on voulait admirer.

Le plus extraordinaire, fait observer avec raison une de ces
amusantes chroniques illustrées, c'est qu'il existe, de par le
monde, de braves et bonnes gens qui iront répéter sur tous
les tons qu'ils ont vu le Tsar.

Non, vraiment, ça c'est un comble.

O éternelle badauderie des grandes villes !

LES FLEURS EN PAPIER DES
CHAMPS-ÉLYSÉES.

— En v'là une fumisterie ! v'là trois heures
que je pompe ces fleurs-là, y a pas un mil-
ligramme de sucre.
(Vignette de Maurice Marais.

Chronique Amusante, 15 octobre).

(*Humoristické Listy*, de Prague).

LA CARICATURE

II. — CARICATURES ÉTRANGÈRES

Images sur le voyage du Tsar dans les pays étrangers. — Les satires graphiques dirigées contre la France. — Leur extrême violence. — Les insultes pleuvent de toutes parts.

Les caricatures sur le voyage du Tsar en Autriche et en Allemagne ; bien peu de chose véritablement. Moins que rien pourrait-on dire !

A peine une intention satirique, et cependant, dès les premiers jours, Berlin s'inquiétait, se demandait pourquoi le souverain russe laissait ainsi de côté la capitale du grand empire. Viendra-t-il ? ne viendra-t-il pas ? Où est-il ? Par où passera-t-il ? Autant de questions que l'on se posait, autant de points d'interrogation auxquels la presse ne savait que répondre, et que l'image, elle aussi, présentait sous une forme dubitative. La vignette du *Ulk* ici reproduite traduit bien cet état d'incertitude. A travers monts et vaux, sur les grandes routes et sur les voies ferrées l'on pouvait lancer reporters sur reporters ; le Tsar n'était nullement invisible ; il avait décidé, simplement, qu'il ne viendrait point à Berlin et qu'il rejoindrait l'empereur d'Allemagne à Breslau.

A Vienne, on n'avait aucune raison d'être inquiet, tout devant se passer dans les règles ; mais Vienne n'est pas seulement la ville impériale unique au monde, quoi que puisse dire ou penser Berlin, c'est en même temps la capitale d'un empire profondément divisé, ou plutôt moitié allemand, moitié anti-allemand, moitié israélite, moitié antiisraélite. Or, si les Allemands qui, en somme, ont été les civilisateurs et les éducateurs du monde russe, paraissent avoir, aujourd'hui, pour cette Russie formée par eux et s'émancipant toujours plus de leur tutelle, l'antipathie des gens qui voient disparaître leur influence sur un point où ils avaient pensé pouvoir toujours régner en maîtres, les Madgyars, les Serbes, les Tsiganes, les Bohêmes, les Roumains, les Juifs surtout, même les Slaves de Hongrie et de Bohême n'ont pour leurs voisins, les Russes, qu'une sympathie très modérée.

VERS OU SE DIRIGE LE TSAR ?

(Rébus dont la solution ne nous est pas encore connue).

Ulk, de Berlin, 14 août.

Vignette publiée lors de l'annonce du voyage du tsar, en Allemagne, et alors qu'on ne savait pas encore s'il irait à Berlin ou à Breslau.

A Vienne donc, tandis que *Der Junge Kikeriki*, organe sémite, représentait l'effet produit par l'arrivée du Tsar — les officiels, chapeau bas, échine basse, allant au-devant de Sa Majesté pour lui faire escorte, les socialistes s'éclipsant rapidement par la coulisse — *Kikeriki*, le vaillant coq anti-sémite qui lance dans les airs ses cris si retentissants, s'amu-sait à donner une malicieuse figuration de l'entrée du sou-verain dans la capitale de l'empire austro-hongrois, tous les juifs chassés de Russie étant là, au premier rang, sur les estrades.

De vieilles connaissances qui se retrouvent !

Le don gracieux du sabre de Rakoczy devait, également, don-ner naissance à quelques images plaisantes, mais sans au-tre portée, et c'est à Prague qu'il faut aller pour trouver, dans les *Humoristické Listy*, la note aigre, la note de la satire.

Là, l'antipathie pour le Russe ne se cache plus ; elle éclate en une série de petites vignettes : partout on voit des *Rusko* inscrits avec une pointe d'ironie significative : des *Rusko* le knout en main, des *Rusko* étendant leur domination sur le monde entier. Particulièrement amusante l'image qui représente le soleil, la terre, la lune, l'astre rayonnant coiffé d'un bonnet de moujik. Et l'on ne se contente pas de donner ainsi libre cours à son antipathie, l'on tient aussi à bien montrer le peu d'amour des Allemands pour le tout-puis-sant empereur, quoi qu'ils se soient prosternés à ses genoux. Les *Humoristické Listy* ne veulent pas qu'on puisse croire à la sincérité de cet aplatissement forcé. Pure comédie offi-cielle, et il faut bien qu'on le sache.

Cette note aigre, vous la chercheriez vainement dans la presse caricaturale allemande, qui fait le silence, par ordre sans doute. Ne pouvant pas exprimer librement sa pensée et ne voulant pas tailler ses crayons pour de grandes compo-sitions dithyrambiques, elle préfère s'abstenir, d'autant que

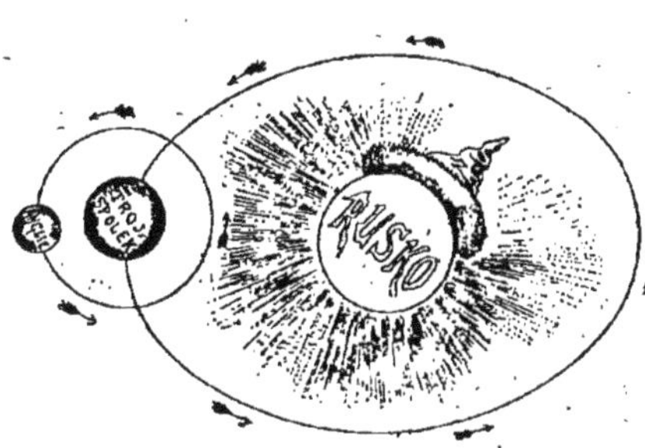

Le soleil russifié.
(*Humoristické Listy*, de Prague.)

toute liberté va lui être laissée pour diriger ses traits contre la France, contre la venue du Tsar à Paris. *Kladderadatsch, Ulk, Lustige Blätter* ne s'occupent pas plus de la visite du Tsar à Breslau que si l'antique cité silésienne était en Chine. Et lui-même, *Der Wahre Jacob*, l'organe socialiste, qui, souventes fois, publia contre le despotisme russe des images sanglantes, gardera son fouet pour cingler l'alliance franco-russe.

Déjà, du reste, la mauvaise humeur germanique se donne libre cours dans cette affirmation d'un humoriste allemand : « Le Tsar s'est arrêté à Vienne parce qu'il lui fallait forcément, en sortant de Russie, traverser l'Autriche ; il est venu à Breslau faire une pure visite d'apparat, d'impériale courtoisie, il ira jouir des derniers beaux jours à Balmoral, dans le calme des réunions de famille, mais le but unique de son déplacement c'est Paris. »

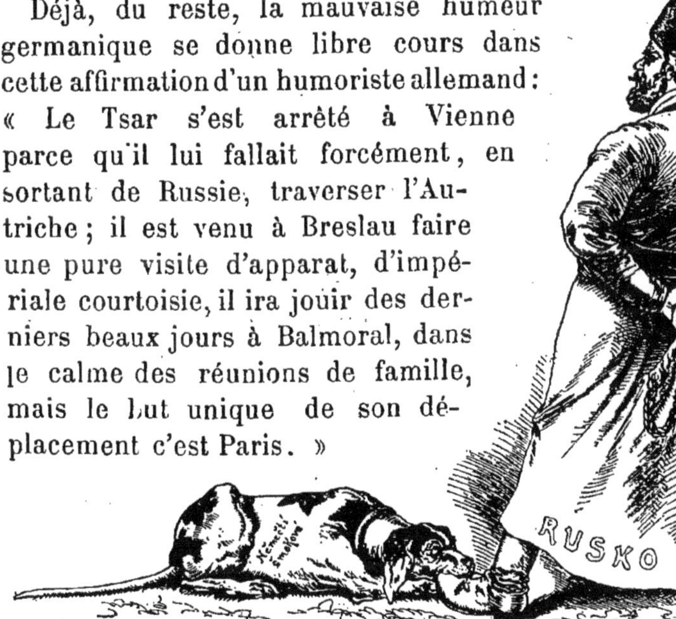

(Résultat d'un bon dressage : léchant les pieds du Russe.)
(*Humoristické Listy*, de Prague.)

Nous voici en Angleterre. Là, on vient de nous le dire, c'est la paix, le repos, le voyage de respectueuse condescendance vis-à-vis de la reine Victoria. A croire les Anglais qui, on le sait, n'ont pas pour habitude de briller par la modestie, ce serait même. autrement que Paris, le véritable objectif impérial. Quitter Saint-Pétersbourg, traverser Vienne, brûler Breslau, pour voir la *Queen*, la *Queen* dont les photographes donnent, en ce moment, tous les quinze jours, un nouveau portrait *ad usum Angliorum*. Après tout, cela se pourrait bien. Toujours est-il que les caricaturistes anglais, nous font avaler la pilule en d'amusantes images, mélangeant agréablement le Tsar et les politiciens londo

LA SITUATION DE L'ANGLETERRE
APRÈS LA VISITE DU TSAR

Kikeriki : Allons, maintenant, John Bull n'a plus à craindre que l'ours vienne se mettre en travers de ses desseins dans la politique orientale.

(*Kikeriki*, de Vienne, octobre.)

niens. Tandis que le souverain mène à Balmoral une vie idyllique, ces derniers ne perdent point leur temps : s'il pouvait arriver quelque anicroche en France ce serait si bon pour ceux qui aiment à pêcher en eau trouble. Par exemple, une tentative d'assassinat à Paris, devenant le prélude d'une guerre européenne, cependant que nos bons petits Anglais se pourraient tranquillement arrondir dans toutes les Asie, dans toutes les Afrique.

La malice anglaise, elle, se trouve percée à jour par cette simple vignette du *Kikeriki*, appréciant les conséquences de la visite du Tsar ; John Bull a fait risette à l'ours qui, bon enfant, se laisse désormais docilement conduire.

Ah ! combien féconds en intrigues, les politiciens de Saint-James, dignes successeurs de Pitt et de Cobden ! Voyez la foule londonienne grouillant au bas du rocher de Balmoral ! Voyez Gladstone, le *bon vieux Temps*, criant les journaux sous le nez du couple impérial à bicyclette, ou agitant des pantins, personnification des deux souverains impériaux. Car, c'est l'entrevue de Breslau qui devait mettre en mouvement les crayons des bords de la Tamise, entonnant, paraphrasant l'hosannah en faveur de la paix.

Après l'ange exterminateur, l'ange pacificateur chevauchant derrière le Tsar ou se plaçant à ses côtés, une branche, un rameau d'olivier en main. La paix ! acclamée à Vienne, proclamée à Breslau, la paix resserrant l'alliance des trois empereurs ! Il faudra donc bien, insinue le *Fischietto*, que la France reçoive avec les mêmes idées son impérial visiteur, car tout le monde sait qu'elle seule, cette horrible France, voudrait troubler la paix du monde.

La paix ! la paix ! ce sera déjà la conclusion donnée par l'image, après les quelques incidents particuliers qui viennent d'être signalés.

A Vienne, à Pesth, à Prague, la note satirique ; à Berlin, le silence ; à Londres, l'accaparement. Si jamais John Bull écrit ses mémoires, il ne manquera pas de nous faire savoir que le Tsar avait entrepris son voyage uniquement en vue de lui être agréable. Il est vrai que l'Irlandais *Weekly Freeman* s'est chargé de le désillusionner en une image où, au grand désappointement du gros et lourd Salisbury, l'on voit Nicolas II écrivant au président de la République pour lui annoncer son arrivée.

Déjà Balmoral est loin ; les journaux anglais eux-mêmes seront forcés de s'occuper des réceptions de Paris.

Le voyage du Tsar à Paris ! Ce fut, dès l'origine, l'incessaute préoccupation. De toutes les parties du globe, les yeux du public, les oreilles des diplomates, les crayons des dessinateurs étaient braqués sur ce centre, sur ce point unique, objet des constantes jalousies de l'étranger.

IMAGE POUR L'AVENIR
(Lors de la réception du Tsar, à Paris.)
Le bonheur immense de pouvoir saluer le Tsar, à Paris, va mettre toute la France officielle la tête à l'envers. — *Der Floh*, de Vienne, septembre.

Que le Tsar vînt de Vienne, qu'il allât à Berlin ou à Breslau, peu importait ! L'unique objectif c'était Paris.

D'abord on n'y crut pas : un empereur, un autocrate à Paris, en pleine république, chez Marianne ! un Holstein-Gottorp venant chez un président issu de souche populaire et élu par des Chambres, cela n'était pas possible ! En vain objectait-on que Pierre le Grand, quoique empereur, avait tenu à faire œuvre de ses dix doigts; oui, mais il était tsar, répondait-on.

En vain la nouvelle se trouvait-elle, tous les jours, confirmée; en vain annonçait-on officiellement que le Tsar serait accompagné de la Tsarine. Les crayons doutaient, que dis-je, espéraient qu'il ne viendrait point. Et s'il se laissait aller jusqu'à venir, bien certainement ce serait seul. De toutes parts, c'étaient des satires mordantes, acerbes, des images de la plus extrême violence représentant les Français la tête à l'envers, se livrant, en signe de joie, à toutes sortes d'excès. Il en venait d'Allemagne, d'Autriche-Hongrie, de Hollande, de Suisse, d'Italie surtout, car en cette circonstance, comme en nombre d'autres, la sœur latine aura le triste privilège de donner la note la plus aigre.

Les journaux à caricatures se remplissaient d'articles aux titres signifi-

Le sang montant de plus en plus pendant le séjour du Tsar à Paris : pour nous, de mémoire d'homme, il n'a jamais fait pareille chaleur.

(*Humoristické Listy*, de Prague.)

catifs : *Echos moscovites des bords de la Seine, — Paris-Moscou, — Russeries de France et autres lieux*, de poésies aux versifications abracadabrantes dans lesquelles on faisait rimer Tsar avec samovar, caviar et autres Temesvar, ou dans lesquelles, encore, *grande armée, grande nation*, et des lambeaux de *Marseillaise* alternaient avec des mots allemands et italiens.

La *Marseillaise !* dans quel sens ne fut-elle pas torturée ? A quelle sauce ne fut-elle pas accommodée ! Un journal imprima la *Marseillaise du Knout*, tandis qu'un autre donnait la *Marsei'-laise du Wutki*, l'eau-de-vie russe. *Le jour de boire du.. wutki est arrivé* chantait l'une, là où l'autre écrivait : *Allons, citoyens, le jour du Tsar est arrivé.*

Le *Figaro*, de Vienne, une des plus spirituelles parmi les feuilles à images politiques, affirmait aux populations étonnées dans des *figarogrammes*, venus par fil spécial, que durant le séjour du Tsar à Paris, le gouvernement

La raison fait qu'il faut céder, dit le renard en regardant le colosse à fourrures, mais il laisse percevoir l'envie de dévorer le coq qui s'est perché sur la tête de l'ours.

(*Humoristické Listy*, de Prague.)

avait enjoint à tous les Français de ne pas crier : « Vive la République, mais bien Vive le knout! »

Ulk, le vieux hibou berlinois, citant les mots de Heine sur les Français, qui ont quitté la livrée monarchique pour prendre la blouse républicaine, disait que le grand écrivain, à

3.

la nouvelle de ce qui allait se passer, avait donné lui-même
à son œuvre ce post-scriptum posthume : « Lorsque j'écri-
vais cela, le 10 mars 1848, je n'avais aucun pressentiment
de la visite projetée du Tsar à Paris. Je prie donc mes lec-

La République ayant enfin réalisé son rêve... *Chicchirichi !!!*

(*Pasquino*, de Turin, 27 septembre.)

Derrière, les coqs gaulois chantant à gorge déployée.

teurs de ne point tirer de cet article des conclusions qu'il
ne comporterait point. »

Si l'on veut avoir une idée du galimatias qui se forgeait
dans les officines des feuilles caricaturales, on n'a qu'à lire
ce qui suit. C'est un extrait du *Nebelspalter*, — le *Dissi-
pateur de nuages*, — organe zurichois :

« *Der Zar !* Quelle joie ! *Der Zar !* Bénie soit la nuit en
laquelle des centaines de mille de soleils éclaireront le ciel ?
Béni soit l'endroit où il apparaîtra, Lui ! (Er, comme ou
appelait, autrefois, Napoléon III). Bénie soit l'heure où l'on

pourra, enfin, se *revancher*! (*Revanchiren*, verbe créé par les Allemands à notre intention.) Béni soit le jour où nous, *la Grande Armée*, nous pourrons anéantir les Prussiens! Béni soit le monde où nous régnerons du Pô au Volga, *le Tsar étant le père du pays*, et apportant bien vite, avec lui, le *krach!* »

Et, deux mois durant, des bords de la Sprée au Tibre, on amusa le public avec pareilles fadaises, tandis que les caricatures représentaient sous toutes les formes, dans toutes les postures, l'ours et Marianne, à moins que, pour faire ménagerie plus complète, le coq gaulois ne vînt remplacer cette pauvre R. F. gratifiée encore des épithètes de *Nana* ou *Madame Revanche*.

A LA REVUE DE CHALONS

Le président Faure apparaissant en chef de bataillon de l'armée territoriale afin de pouvoir se ménager une porte de sortie.

(*Kikeriki*, 11 octobre.)

Partout des France s'humiliant ; partout des gens à plat ventre devant Sa Majesté Tsarienne : « Déjà nous ne sommes plus Français, » dit la légende d'une de ces vignettes, « mais bien Tartares. »

Combien maltraitée, vilipendée, cette pauvre Gaule! Mlle Nana appelant le Tsar, se jetant à son cou, malgré les sages conseils de madame Cardinal, vidant avec lui des coupes de champagne, ou le portant sur ses épaules, comme à un retour de la foire de Saint-Cloud.

Et guère mieux traité, M. Félix Faure, propriétaire ou gérant, comme on voudra, de *l'hôtel de France* « mis en émoi par la réception de nobles étrangers comme il n'en avait pas encore vu. » Et même pas épargnée

Mme Félix Faure, grâce aux difficultés soulevées par le protocole.

Tandis que se transformant en tailleurs, les caricaturistes étrangers dessinaient des projets de costume pour le président de la République, cherchant à le ridiculiser sous les accoutrements les plus étranges, les plus grotesques,

Madame. Prudence conseille vivement à la belle France de se préparer à la visite attendue avec toute la réserve qui convient à une chaste jeune fille.

Mais la folâtre jeune femme, ainsi qu'on peut le voir, ne tient nullement compte des remontrances de la vieille dame. Bien au contraire.

(*Jugend*, de Munich, septembre.)

lui faisant endosser toutes les défroques historiques, depuis Clovis jusqu'à Napoléon Ier. — les crayons français devaient les suivre dans cette voie, — la République passait, elle aussi, par toutes les transformations possibles.

Tantôt habillée en Cosaque, un knout en main au lieu du triangle égalitaire, tantôt coiffée d'un bonnet de fourrure lui entrant jusque sur les épaules, elle fait, vraiment, triste figure l'antique déesse de la Liberté.

Sur ces images passe comme un ressouvenir des spirituelles charges de 1848 à 1852, dans l'ancien grand *Journal pour rire*.

On ne cherchait pas seulement à nous ridiculiser ; de toutes parts on se fit un plaisir de nous couvrir de boue.

RÉCEPTION DU TSAR
PROJET DE COSTUME POUR LE PRÉSIDENT

Impérial manteau de pourpre, et culotte de bicycliste, mélange du passé et du futur.
(*Le Sapajou*, de Genève.)

DER JUNGE KIKERIKI

(C'est le nom du journal viennois.) Ah bien vrai ! Les républicains l'ont bien arrangée ! Elle ressemble déjà plutôt à un Cosaque qu'à une déesse de la Liberté.
(18 octobre.)

Jadis, la *Nana* d'Emile Zola n'avait déteint que sur l'Italie ; du jour où il a plu au Tsar de venir à Paris, la France a été *nanifiée* dans les journaux du monde entier. Autrichiens, Hongrois, Hollandais, Suisses, c'est à qui aura la palme dans cette circonstance. Si le *Fischietto*, de Turin, représente

Marianne au lit, dans le débraillé d'un lendemain d'orgie, le *Borsszem Jankó*, journal hongrois, la transforme en Bob Walter dans *le Bain de la Parisienne*, et *Abraham Prikkie*, une petite feuille de Rotterdam qui porte le nom de son éditeur, pousse la gallophobie jusqu'à nous appeler « nation prostituée ». Pour qu'on ne s'y trompe point, pour que les braves Hollan-

Les Russes déportés en Sibérie envoient aux Français un souvenir symbolique de leur enthousiasme républicain.

(*L'Asino*, de Rome, 27 septembre.)

dais, sans doute, n'aient pas à rougir de pareils termes, ce titre est imprimé en français. On ne saurait être plus galant.

Et retenez bien ceci : auparavant, on avait été relativement convenable. Le *Fischietto* excepté, on était resté sur le terrain de la politique ; on avait crié à la France : « Gare à ta bourse, l'emprunt russe est là » ; on lui avait reproché de fouler aux pieds les principes dont elle s'était fait, de tout temps,

RENCONTRE ÉMOUVANTE A PARIS

M. Deibler. — De cette façon, cher ami, quelle différence trouvez-vous entre votre empire et notre république.

Gaspard Strangolaroff. — Bien petite. Vous civilisez le monde avec la hache, nous avec la corde !

(*L'Asino*, 11 octobre.)

la vulgarisatrice. Cela était de bonne guerre. Certaines images imbues d'un esprit encore plus général, d'une portée encore plus philosophique, reprenaient la vieille idée du *Monde renversé*, en disant : « Autrefois, c'était l'ours qu'on faisait danser, maintenant c'est l'ours qui, à son tour, fait danser. » Cela ne manquait point d'un certain à propos.

Après la visite, le déchaînement devint général ; seuls, peut-être, les Anglais sont restés d'une correction parfaite se contentant, comme le *Punch*, de spirituelles satires. Justice leur soit rendue !

Les Allemands qui s'étaient fait remarquer par une certaine réserve, qui, du moins, n'étaient point sortis du domaine de la grande caricature politique, ont

Que vaut-il mieux regarder : l'horizon éclairci par l'alliance franco-russe ou les peuples en colère.

(*Sipy*, de Prague, 10 octobre.)

Allusion au mécontentement de l'Angleterre et de l'Allemagne.

emboîté le pas aux Italiens et aux Hollandais et, déjà, les *Lustige Blætter* ont ouvert le feu avec une caricature sur laquelle la République Française et le Tsar sont tous deux en singulière posture !

A vrai dire, ce n'est ni plus ni moins que ce qui a été publié depuis un mois, que tout ce que les journaux en deçà des Alpes nous ont si généreusement octroyé dès les premiers jours d'août; qu'elle vienne de Berlin ou de Turin, l'insulte est toujours aussi grossière, toujours aussi indigne de gens bien élevés.

Et tout cela pourquoi? Parce que, contrairement aux espérances des puissances intéressées à maintenir l'isolement autour de la France, contrairement aux projets caressés par certaine nation à l'ambition dévorante et à l'amour-propre froissé, un souverain étranger, le Tsar, est venu à Paris, ayant tenu très certainement à voir par lui-même si toutes les infamies qui se colportent couramment sur le compte de la France sont exactes.

Certes, cette guerre acharnée à coups de crayon, ces injures graphiques déversées à plaisir se comprendraient s'il s'agissait de défendre la liberté, l'indépendance d'un peuple. Dans le cas actuel elles sont sans raison d'être mais renseignent d'une façon significative sur les sentiments de l'Europe à notre égard.

Ainsi donc, ce qui apparaissait tout naturel quand les pays visités par les jeunes souverains russes s'appelaient l'Empire austro-hongrois, l'Empire d'Allemagne; quand les villes étaient Vienne et Breslau, devient une chose monstrueuse quand le pays répond au titre officiel de République Française.

Et la caricature européenne nous fait assister à ce spectacle vraiment sans précédent d'un pays n'ayant pas le droit de recevoir un souverain, parce qu'il n'a, lui, qu'un président, sans être immédiatement qualifié par l'image de *nation prostituée*.

Que de gros mots pour un voyage !

Que d'épithètes malsonnantes pour un acte de courtoisie.

Même pour une visite impériale, plus ou moins intéressée, faite à une dame républicaine, peu habituée à pareils égards, c'est encore dépasser la mesure.

NICOLAS ET MARIANNE

I — *Marianne.* — Combien je vous ai attendu !
II — *Marianne.* — Et maintenant où allez-vous ?
   — *Nicolas.* — A Darmstadt, Wiesbad.... Berlin.
III — *Marianne.* — A Berlin ! Prenez-moi avec vous ; il y a
       longtemps que je désire y aller.
              (*Weekblad von Neederland*, octobre.)

Le texte hollandais prête, ici, à une double interprétation et, de toute façon, la dernière réponse de Marianne doit être prise dans un sens ironique. Il est du reste facile, sans insister autrement, de se rendre compte de ce que le dessinateur a voulu dire. Et l'image elle-même, une des plus gracieuses qui soient venues de l'étranger, fait honneur au crayon de Johann Braakensiel.

Et maintenant, drues et serrées, acerbes et injustes, vous pouvez défiler, caricatures de tous les crayons, de tous les journaux, de tous les pays ! Vous pouvez, vous appuyant sur l'entrevue de Darmstadt, recommencer votre campagne sous une autre forme, essayant de faire croire — telle l'image du *Pasquino* — que le Tsar a donné à tout le monde de l'eau bénite de cour. La France a bon dos : elle en a vu d'autres, elle a reçu des blessures plus sanglantes ! Ce ne sont point les satires déchaînées contre elle qui lui feront changer de route.

LE MONDE RENVERSÉ

Jadis c'était l'ours que l'on conduisait : aujourd'hui, l'ours est devenu le conducteur.

(*Der Junge Kikeriki*, de Vienne, 6 septembre.)

MARIAGE FRANCO-RUSSE

(Pour faire suite à l'alliance.)

Croquis original de Pirouette. (Gustave Girrane.)

FRANCE ET RUSSIE. — (*Le Courrier Français*, 11 octobre.)
(Composition de Henri Pille.)

Mais, c'est moi, moi, qu'on vient voir !... Tu ne lis donc pas les journaux ?
(Composition de Forain, *Figaro*, octobre.)

4.

— Pas trop de rouge, n'est-ce pas, ma chère enfant...

Croquis de Henriot.

(Charivari, 23 septembre.)

C'est la seule grande page politique qui ait été consacrée par le doyen de la presse caricaturale à la réception du Tsar. Une autre image a trait à l'emploi du bâton des sergents de ville durant les fêtes.

MAGASIN DES ACCESSOIRES

Perplexité de **M. Félix Faure**, quant au choix du costume à endosser pour l'arrivée prochaine du Tsar. Coquelin aîné, inspire-le !

(Caricature de Bolb, *la Silhouette*, 13 septembre.)

Dans le fond, le portrait de Coquelin, réclame pour *l'Amer Tuer*, est une parodie du portrait-affiche de M. Félix Faure pour le quinquina Monceau qui ... de sur tous les murs.

LE TRAITÉ X...

Hanotaux voudrait bien profiter du moment
Pour, du fameux traité, découvrir les mystéres.
Mais le bon moujick dit : « A demain les affaires...
Aujourd'hui donc, déjà : Voyage d'agrément ! »

(*La Silhouette*, 4 octobre.)

RÉPÉTITION GÉNÉRALE

Leçon de maintien et de... platitude.

(*Le Grelot*, 13 septembre.)

Caricature inspirée par les articles de certains journaux, par les formalités du protocole dont on commençait déjà à nous assourdir et par l'attitude du Conseil municipal. Au point de vue purement parisien, cela ne manque pas d'une certaine gaieté. C'était, comme on l'a si bien écrit, « le commencement du dressage. »

ORGANISATION DES FÊTES

Maintenant, notre fidèle ami Nicolas peut arriver en toute confiance.

(*Le Grelot*, 27 septembre.)

Cette caricature fut faite pour répondre aux articles complaisants de certains journaux qui s'amusaient à détailler par le menu les mesures de police et d'ordre prises par le gouvernement... Tout le monde gendarme, même le Président de la République.

TOUS PLUS PLATS

Tous ces gens-là sont mûrs pour le knout.

(Le Grelot, 4 octobre.)

Allusion aux articles des journaux rendant compte jour par jour, heure par heure, des préparatifs qui se faisaient à l'Élysée pour *recevoir* dignement le Tsar. *Le Grelot* met ici en scène *Popaulo*, tandis que, dans le texte, des séries d'articles *Coups de knout, Sainte!... Russie*, ridiculisent les hommes du jour et surtout « la russomanie protocolisante. »

Protocole... pot à colle !

IL ARRIVE

Le voilà,
Nicolas,
Ah ! ah ! ah ! (*Air connu.*)

(*Le Grelot*, 11 octobre.)

Ce n'est pas la première fois que la caricature attelle les hommes du jour à des voitures. Nombre de politiciens ont été ainsi transformés en chevaux, surtout durant les périodes de grandes luttes politiques, sous Gambetta, sous Jules Ferry, sous Boulanger. Tous aussi se sont vu reproduits en homme-orchestre. Il serait amusant de parcourir, à ce point de vue, la collection du *Grelot*.

LES ADIEUX DU TSAR

Le pourboire.

(*Le Grelot*, 18 octobre.)

Sur ce point, la caricature française et la caricature étrangère ont, comme on le verra, fait chorus. Dès le mois d'août, le *Kikeriki*, de Vienne, appelait cet impérial déplacement un voyage d'affaires, et l'idée d'emprunt se retrouve sur mainte image publiée contre la France.

Qui a fait l'emprunt ? De l'Autriche, de l'Allemagne, de l'Angleterre, de la France ? « Tout le monde et personne » déclare un journal satirique hongrois.

RÉDUCTION D'UNE PAGE DU JOURNAL le Rire.
Septembre. (Croquis de Fernand Fau.)

RÉDUCTION D'UNE PAGE EN COULEURS DU JOURNAL *le Rire.*
26 Septembre. (Croquis de Jules Depaquit.)

DÉCEPTION — Vignettes de HENRIOT

(Journal amusant, 3 octobre.)

Dans le même numéro, une série de croquis de Stop, intitulés
Ave Cæsar !

****

Entre conseillers municipaux :
— Nous a'lons recevoir l'Empereur !
— Eh bien, si vous m'en croyez, vous éviterez de l'appeler :
citoyen.

****

— Vous, un socialiste, vous crierez : Vive l'Empereur !
— Moi, jamais ! Je crierai : Vive Sa Majesté Impériale !

****

Entre deux horribles voyous :
— Moi, je crierai : Vive l'Empereur et la Sociale !
— Non, faut pas dire ça, c'est pas distingué.
— Alors, quoi ?
— Faut dire : Vive l'Empereur et sa société.

****

Entre chevaliers du boulevard extérieur :
— J'ai crié : Vive Bourgeois ! pour quarante sous ; mais je crierai : Vive Nicolas ! pour rien.

****

Enfin, dernière vignette qui ne manque pas d'un certain pi-
quant ; au poste :
— Brigadier, faudra-t-il empoigner ceux qui crieront : *Vive la
République !* devant Sa Majesté.

coiffée, par Lamaraispierre.

— Décidément, ça me va très bien ! !

(Chronique amusante, 8 octobre.)

Composition due aux dessinateurs Marais et Lapierre dont les noms ont été, pour la circonstance, réunis en un seul.

ŭ.

CE QU'ON EN DIT

— Pour lors, on va pouvoir crier encore
un coup « Vive l'empereur !... »
(*Vie Parisienne*, 29 août.)

— Pourquoi ce travestissement ?
— Simplement, chère amie, pour être
bien accueilli partout, en ce moment où il
y a tant de monde à Paris.— Croquis de
Draner.   (*Charivari*, 5 octobre.)

... — !!!!!!!

M. Lépine trouve enca un emploi ingénieux de ses *pilons* pendant les fêtes.

Vignettes tsariennes, par Maurice Marais.

(*Chronique amusante*, 8 et 15 octobre.)

DEUXIÈME ENTREVUE D'ERFURTH

Le Tsar Nicolas II à Félix Faure :
« L'amitié d'un grand homme est un bienfait des Dieux. »
Je compte sur la vôtre.

(La Comédie politique, de Lyon, 13 septembre.)

La Comédie politique, qui, avec le *Journal de Guignol,* représente toute la caricature lyonnaise, a eu une existence assez agitée et s'est fait surtout connaître, à une certaine époque, par des procès retentissants que je me contente d'enregistrer sans chercher à les apprécier autrement. L'idée ici traduite par le crayon d'un dessinateur jadis assez apprécié à Paris, V. Morland, est, il faut le reconnaître, toute d'actualité, et l'on peut s'étonner qu'elle n'ait pas donné lieu à d'autres images dans les journaux de Paris.

LE TSAR EN FRANCE

Le Tsar. — C'est le pont Alexandre III?

M. Félix Faure. — Non, c'est le nez de l'empereur d'Allemagne qui s'allonge... jusqu'ici !

(*Charivari oranais,* d'Alger, 4 octobre.)

Le *Charivari oranais* est, on peut le dire, le plus vaillant représentant de la presse
caricaturale dans les départements. Il ne manque pas une occasion de manifester contre
la Triplice, et cette fois, comme en 1893 déjà, celle-ci lui a fourni le motif de toutes
ses caricatures. Ce n'est point nouveau si l'on veut, mais c'est toujours amusant.

Sa Majesté le tsar Nicolas II, lors de son entrée dans Vienne, pourra contempler à nouveau, nombre de visages connus qui, jadis, se pouvaient voir en Russie.

Kikeriki, de Vienne, 27 août.

Sur les arcs de triomphe, on lit : « Bienvenue ! Vive le Tsar ! Dieu protège le grand Tsar ! » Et les *visages connus* qui assistent ainsi, aux premières loges, à l'entrée du souverain, sont les juifs par lui chassés de Russie.

LE CADEAU DU TSAR

—*Hungaria* : Merci, Majesté, du sabre de Rakoczy ! Cela don-
nera à la Hongrie un nouveau tranchant pour abattre les têtes
de ses stupides ennemis.

(*Humoristiche Blœtter*, de Vienne, 23 août.)

En main, le Tsar tient le rescrit officiel dont le texte fut alors publié
par les journaux. Cette caricature fait allusion aux luttes intérieures de l'empire
austro-hongrois. Par : « stupides ennemis », c'est donc les Allemands qu'il faut entendre, les Allemands que ne peuvent sentir les Hongrois et qu'ils avaient si violem-
ment combattus autrefois. — Le Rakoczy dont il est ici question est François Léopold
(1676-1735), le défenseur des privilèges de la nation hongroise qui devait être si bien
accueilli en 1713, à la cour de France.

UN PRÉCIEUX PRÉSENT

Jemenfoutsky (traduction exacte du nom dénaturé du président du conseil des ministres hongrois, Banffy, lequel s'adresse au Tsar) :

— Sire, je ne pouvais, en revanche du sabre de Rakoczy, vous offrir un présent plus précieux. Voici ma tête.

Les trois personnages que la vue d'un tel spectacle fait tressaillir d'horreur sont : Goluchowski, Badeni et Bilinski, ministres austro-hongrois.

(*Bolond Istok*, de Budapest, 3 août.)

L'ENTREVUE DES EMPEREURS

Bon vieux temps. — C'est de cette façon que je me mets en garde contre tout accident possible.

(*Pick-Me-Up*, de Londres, 12 septembre.)

Il s'agit ici de l'entrevue de l'empereur d'Allemagne et de l'empereur de Russie, et le personnage qui tient les fils des deux marionnettes est Gladstone.

Celui qui est le Dieu de la Guerre et de la race toute-puissante
ne se servira de ses troupes que pour le maintien de la Paix.
Punch, de Londres, 19 septembre.)

Allusion faite par l'empereur Guillaume au sujet du Tsar, dans son discours
de Gœrlitz.

LOIN DE LA FOULE HURLANTE
(*Pick-Me-Up*, de Londres, 3 octobre.)

Sur le rocher de Balmoral sont assis en cercle intime le Tsar, la reine Victoria, le prince de Galles et les ministres anglais.

Bah ! bah ! bah ! Mais lequel des trois y croit ? (à l'alliance).
(*Moonshine*, de Londres. 19 septembre.)
Le personnage bénissant l'union de la France et de l'ours est l'empereur d'Allemagne.

Le véritable moyen pour faire la conversion, sans doute la conversion de l'emprunt russe.
(*Moonshine*, 3 octobre.)
A bicyclette le Tsar et la Tsarine. En crieur de journaux, Gladstone criant : « Voici, Monsieur, le journal pour vous... le journal. » Et il montre le portrait de l'assassin .. qui devait venir en France pour assassiner l'empereur.

CONGRATULATIONS

Le but réel du voyage du Tsar.

(*Fun*, de Londres, 22 septembre.)

Cette image traduit la pensée intime des Anglais, que le Tsar, en entreprenant on voyage, aurait eu surtout pour but de venir rendre visite à la reine Victoria.

Par le voyage du Tsar en Autriche et en Allemagne, non seulement
l'union des trois empereurs est reconstituée vivace, mais encore le toast
de Guillaume réunit sous un même manteau, en un lien pacifique, les
nations européennes. C'est pourquoi Mlle Marianne ne trouve pas que
cela réponde entièrement au programme de l'alliance franco-russe
rêvée par elle.

(*Pasquino*, de Turin, 13 septembre.)

Si le Tsar est reçu de façon si cordiale à Vienne, c'est parce qu'il a pour compagne la Paix.

Il est donc obligatoire que sa compagne soit pareillement fêtée à Paris.

(*Pasquino*, 30 août.)

C.

A LA RECHERCHE D'UN ENGAGEMENT

Monsieur Wilhelm, artiste du *Quick-Change Theater*. Caricature sur l'Empereur.
Guillaume jaloux des succès du Tsar, sur le théâtre de l'Europe.

(*Punch*, de Londres, 17 octobre.)

Le Tsar annonçant son arrivée en France, au grand désespoir de lord Salisbury.
(*Weekly Freeman*, de Dublin, 10 octobre.)

LE TSAR A PARIS

(*Punch*, de Londres, octobre.)

Série d'amusants croquis se rapportant aux actualités du moment.

PROJET POUR LE COURRIER DE CABINET DE M. FÉLIX FAURE

Le président se reposant des fatigues occasionnées par les dernières excitations parisiennes.

(*Punch*, de Londres. 17 octobre.)

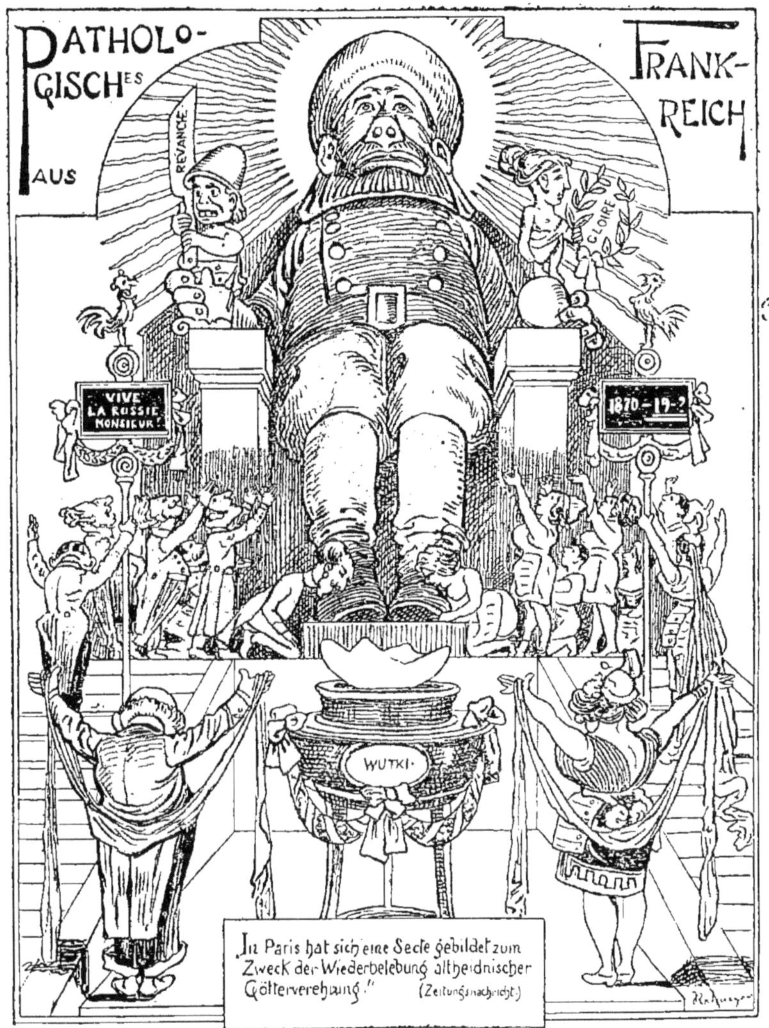

CHOSES PATHOLOGIQUES DE FRANCE

« A Paris vient de se fonder une secte ayant pour but le relèvement du culte des anciennes divinités hindoues. » (Journaux du jour.)

(*Kladderadatsch*, de Berlin, 6 septembre.)

Le dessin du *Kladderadatsch* représente, comme on le voit, la France agenouillée devant la puissance cosaque figurée en divinité hiératique, tandis que, sur l'autel de ce culte du jour, brûle la liqueur russe, le *Wutki*.

FÊTES ET FESTONS

Peut-être le destin futur de l'Europe dépendra-t-il, ces jours, de ce que l'on aura vu le président Faure se tenant héroïquement à cheval ou modestement en voiture. L'élément principal des décorations festivales de Paris consistant en « pals », la Turquie peut bien augurer de son propre avenir. Seront sévèrement prohibés les échafaudages (échelles, escabeaux, ponts mobiles) qui pourraient permettre au public de voir le Tsar de haut en bas, à son passage.

Comme elle doit avoir la conviction qu'il faut regarder le souverain russe avec une respectueuse sympathie, en se mettant à son niveau, Marianne sera dans l'obligation de se prosterner sur ses traces. Si l'autocrate n'assiste pas à la noce italo-monténégrine, quelle actualité russe aurons-nous ? une représentante du quatrième pouvoir.

Et c'est ainsi, ajouterai-je, que les Italiens savent se consoler.

(*Fischietto*, 3 octobre.)

LA FRANCE SE PRÉPARANT POUR LA RÉCEPTION DU TSAR

Utk, de Berlin, 28 août.)

Toutes les têtes sautent de joie. Au milieu la France présentant le fameux berceau qui devait être offert par la presse à la Tsarine. Au-dessous, au premier plan, Paul Déroulède caressant son coursier ailé et le *Figaro* tenant en main le jouet du jour.

LE MONDE RENVERSÉ

Elle. — Je vous aime!

Lui. — Expliquez-vous avec ma mère.

(*Ulk*, de Berlin, 2 octobre.)

De toutes les caricatures conçues dans la note amoureuse — et Dieu sait combien nombreuses elles sont — celle-ci est certainement la plus spirituelle et la plus décente. L'idée est toujours la même, assurément, l'étranger, quoi qu'on dise, quoi qu'on fasse, restant persuadé que la France s'est jetée aux pieds du Tsar dans un but intéressé, mais l'interprétation, au moins, n'est pas *volontairement* injurieuse. La R. F., en danseuse, cela nous repose des horribles Marianne en grosses mégères, ou des Nana aux allures *cocottières* des journaux italiens.

Le monde renversé est, du reste, souvent vrai, dans la vie publique comme dans la vie privée, et s'il est des rois pour protéger les danseuses de l'Opéra, il peut exister de par le monde des danseuses désireuses de se jeter au cou des empereurs. Reste à savoir, maintenant, si l'Impératrice-mère jouit de l'influence que veut bien lui octroyer l'*Ulk* ?

7

A PROPOS DU VOYAGE DU TSAR : STATION DE PARIS

— *Les Grenadiers :* « Je sortirai tout armé du tombeau pour protéger le tsar. »

— *La voix de Napoléon :* Cela retentissait de façon tout à fait analogue, autrefois — un peu différemment, seulement.

(*Lustige Blætter*, de Berlin, septembre.)

L'HEURE DES TOASTS

L'Europe lève joyeusement ses coupes en l'honneur du voyage du Tsar. Mais comment éviter qu'il se produise, de temps à autre, des chocs ?

(*Lustige Blætter*, de Berlin, septembre.)

Cette caricature est une des rares qui soit conçue dans un esprit général au lieu d'être, comme toujours, dirigée particulièrement contre la France. Ceci est à noter, surtout venant d'un journal aux tendances plutôt gallophobes. Ce qu'enregistre, ici, le crayon c'est l'accueil sympathique et empressé fait uniformément, dans tous les pays, au Tsar. On peut ajouter que, contrairement à la légende du dessin, aucun choc ne s'est produit, même dans le seau des bouteilles à champagne. Les coupes se sont levées partout joyeusement, peut-être même un peu trop pour le pays où paraissent les *Lustige Blætter*.

SINGULIÈRE AMITIÉ

Au-dessous se lisent les vers dont voici la traduction :

Pour la Liberté, autrefois, tu t'enthousiasmais volontiers; vers les actions généreuses ton esprit se portait, et les étoiles t'étaient propices, ô crâne Jacobine !

La haine t'a aveuglée, la haine a perverti tes sens. Tu crois que celui dans l'esclavage duquel tu t'es placée va changer la destinée. Détourne la tête du désastre (qui ne manquerait pas de t'arriver si tu continuais dans cette voie), et ne te confie qu'à l'esprit moderne.

Va ! les frères des deux rives du Rhin sauront se conquérir leur liberté.

(Der Wahre Jacob, de Stuttgart, 3 août.)

LES TROIS STATIONS DE L'EMPRUNT RUSSE
(*Der Wahre Jacob*, de Stuttgart, septembre.)

Les Rothschild, pas plus que Bleichrœder, personne n'a l'air disposé à se laisser
« pomper » ; *pumpen*, en allemand, voulant dire : emprunter de l'argent.

De quelle façon le premier d'un État libre traite avec une tête couronnée.
Paris, 1778. — Entrevue de Franklin avec Louis XVI.
Paris, 1896. — Le Tsar annonçant sa venue à M. F. Faure.

(*Jugend*, de Munich, octobre.)

7.

ARRIVÉS EN UN MAUVAIS MOMENT

La France (à Bebel et Bueb): — Tous mes regrets de ne pas pouvoir vous recevoir. J'attends des visites du grand monde et n'ai véritablement point de place pour vous. Je vous en prie, revenez un autre moment.

            (*Kladderadatsch*, de Berlin, 13 septembre.)

UN HEUREUX PRÉSAGE

A l'arrivée du Tsar à Versailles, les chevaux du ministre français des finances ont pris le mors aux dents.   (*Kladderadatsch*, 18 octobre.)

MARIANNE AMOUREUSE

(Parodie en action d'après Gœthe.)

Toi qui es mon unique espérance et qui, seul, peut calmer mes ardeurs, toi qui me soutiens, moi, pauvre malheureuse, avec l'espoir de la Revanche, oh! combien tu me mets hors de moi! Tsar de Russie, toi, ma joie, mon petit Nicolas, viens, oh! viens, que je te presse sur mon cœur.   *(Kikeriki,* de Vienne, 6 septembre.)

ROLES INTERVERTIS

Autrefois l'ours dansait aux accents de la flûte dont jouait l'homme civilisé. En Europe, aujourd'hui, l'humanité danse en se réglant sur la flûte de l'ours.

(*Neue Glühlichter*, de Vienne, 17 septembre.)

Tout autour de l'ours, les puissances européennes, l'Italie, l'Autriche, l'Allemagne, la France, exécutant la danse du jour.

L'ours! Quelle place il tient dans l'iconographie des caricatures franco-russes. Tous les dessinateurs, tous les journaux, dans tous les pays du monde, se sont servi de lui pour représenter la Russie. Jamais l'ours du Nord n'avait été à pareille fête : de quoi faire enrager l'ours de Berne, le classique *Moutz*, toujours câlin et pacifique, lui.

A L'HOTEL DE FRANCE

— *Le Tsar :* Quelle cordiale réception, quel luxe ! Comment prendre ma revanche ?

— *Faure :* Laissez-nous la « revanche ».

(*Der Floh*, de Vienne, septembre.)

Souventes fois elle revient, cette idée de revanche, dans les caricatures des journaux étrangers. Je l'ai déjà signalée, et on la verra encore apparaître sur plus d'une reproduction. Allemands, Italiens, Autrichiens, tous les peuples étrangers sont persuadés que le fond de l'alliance franco-russe est le désir, non pas du maintien de la consolidation de la paix, mais d'une guerre de revanche contre l'Allemagne entreprise par la France avec l'appui de la Russie.

Le dessinateur Grætz, dont le nom figure au bas de cette image, est un des illustrateurs les plus répandus des journaux allemands et autrichiens. Mais aujourd'hui, c'est à Vienne, surtout, dans le *Floh* et dans les *Glühlichter*, que l'on peut rencontrer sa signature, quoique les compositions du *Wahre Jacob*, de Stuttgart, proviennent également de lui.

UNE MÉPRISE

(A la représentation de gala, à Paris.)

— *Président Félix Faure :* Sire, la représentation va com-
mencer.

— *Le Tsar :* Est-ce que l'on tire des coups de fusil ?

— *Le Président :* Votre Majesté peut être entièrement rassurée :
dans les libres républiques, on ne tire que sur les présidents.

(*Der Floh*, de Vienne, septembre.)

Vignette faisant allusion au bruit qui avait couru, un instant, bien vite démenti,
heureusement, au grand déplaisir de la presse reptilienne, qu'une tentative d'attentat
contre le Tsar avait eu lieu.

DEVANT, EN PIQUEUR, OU EN POSTILLON, DERRIÈRE
(*Der Floh.* de Vienne.)

Caricature publiée au moment où l'on discutait pour savoir si Mme Faure assisterait ou non aux fêtes et repas officiels.

UN ATTENTAT AVORTÉ SUR LE TSAR, COMME NOUS LE SOUHAITONS

Le pauvre Amour se tourmente en vain, car le cœur de l'élu de son choix est cuirassé.   Caricature de F. Graetz. (*Der Floh.*)

APRÈS LES FÊTES

— *Mme la France* (revenant à elle) : Eh bien ! où est-il ?
— *Garçon :* Il est parti en disant que vous régleriez la note.

Le président Faure avait été fort embarrassé au sujet de l'uniforme à revêtir pour la réception du Tsar. Le *Floh* vient de lui en trouver un : l'uniforme du général Kantschukoff dans *Fatinitza*.

(*Der Floh*, octobre.)

L'ALLIANCE FRANCO-RUSSE

Pour lui elle est la grande, la divine déesse.

Pour l'autre, la bonne vache grasse qui lui fournit le beurre.
(*Kikeriki*, de Vienne, 18 octobre.

L'OMBRE DE NAPOLÉON III : « Regarde ! regarde ! combien la
République se peut gentiment incliner ! Elle aurait déjà besoin
d'un quatrième Napoléon ! »

(*Der Junge Kikeriki*, de Vienne, 11 octobre.)

Après Napoléon Ier, Napoléon III. L'un appelait l'autre, tous deux devant logiquement
apparaître ainsi que le jeune prince Napoléon — celui de l'avenir — puisque l'on n'entendait plus, partout, que ce seul cri : « Vive l'Empereur ! »

En somme, cette idée a été, à plusieurs reprises, exprimée par les caricatures de
l'étranger : puisque la République crie si bien *Vive l'Empereur !* puisque la démocratie s'incline avec tant de grâce devant les manifestations du pouvoir impérial, c'est
donc que la France a de nouveau soif d'autorité.

Et du *Vive l'Empereur* crié par politesse, les crayons étrangers ont conclu au :
Vive l'Empereur s'adressant réellement à un nouveau souverain français.

8

PRÉPARATIFS POUR LA RÉCEPTION DU TSAR

Président Faure : Très haut, madame, à pleins poumons, comme s'il s'agissait de chanter la *Marseillaise !*

La République : Aidez-moi, cela ne peut pas arriver à sortir de mon gosier.

(*Humoristische Blœtter*, de Vienne, septembre.)

Ce n'est point : *Vive l'Empereur !* comme on pourrait le croire de prime-abord que Félix Faure ainsi costumé en moujik, cherche, à faire crier à la République déjà russifiée dans sa toilette, mais bien *Vive l'empr...ant !*

APRÈS LES JOURNÉES IMPÉRIALES A PARIS

— Président Faure. « La vision napoléonienne — « républicaine ou cosaque » — est venue se mettre en travers de la griserie amie.

La République : « Et moi, je rêvais déjà d'une plus moderne coiffure. »

(*Humoristische Blætter*, de Vienne, 11 octobre.

A PROPOS DE LA VISITE DU TSAR A PARIS — CARICATURE DE JUCH

Napoléon l'Ancien (sur la colonne Vendôme) : « O toi, toi, million français ! »
(*Figaro*, de Vienne, 17 octobre.)

LE BAIN *(Scène dans* l'Établissement français, *à Paris.)*

Il s'agit, ici, de l'application à la politique d'une scène de la pièce : *le Bain de la Parisienne.* L' « Établissement français » est le titre d'une sorte de café-concert de Buda-Pesth.

(*Borsszem Jankó*, de Buda-Pest, 11 octobre.)

8.

La *République* à *son bien-aimé*: « Tu es mon César! »
(*Humoristické Listy*, de Prague, 5 octobre.)

EN ATTENDANT LE TSAR

Il sera un peu difficile, cette fois, qu'un autre Floquet cherche la popularité en criant : « *Vive la Pologne, monsieur !* »

(*Fischietto*, de Turin, 11 août.)

Chers amis que les Russes, mais à chaque nouvelle visite de leur part, le bas de mes économies devient plus léger.

Tout à fait gracieuse votre coiffure ; je vous conseillerai seulement de lui substituer ce bonnet phrygien pour ne point trop faire loucher le bien-aimé.

Ne serait-il pas enfin possible de me pourvoir d'un costume plus à même de donner à l'hôte une idée grandiose de notre pays ?

DERNIERS TÉLÉGRAMMES PARTICULIERS DU *Fischietto*.

2 Août : L'heure et vingt. Le Tsar part pour Paris.

— L'heure et trente. Le Tsar ayant manqué le train, a renvoyé son départ pour Paris.

— L'heure et cinquante. Et vice-versa jusqu'à ce que l'on ait définitivement fixé le moment du voyage. (*Fischietto*, de Turin, 4 août.)

DERNIERS TÉLÉGRAMMES PARTICULIERS DU *Fischietto*.

En attendant, Marianne ne va pas à la campagne et, dans l'anxiété de l'incertitude,
pour ne point perdre de temps, elle passe ses journées et même ses nuits entières à la
gare, dans un hamac.　　　　　　　　　　　　　*(Fis-hietto*, de Turin, 4 août.)*

UN COMBLE FIN DE SIÈCLE

Pendant que deux d'entre eux plaident leur cause ou font le nez, le troisième fait la noce. Mais qui aurait jamais dit que la Marianne serait allée chercher aussi vite un tyran hors de chez elle ? Oh ! les facéties de l'hystérisme !

(Fischietto. 18 août.)

LA NOUVELLE DANSE DE L'OURS.

Tout au profit de sa cassette à elle, Marianne tente l'impossible, pour présenter l'ours de Moscovie sur les places de Chàlons et de Versailles. Reste à savoir s'ils s'accorderont suffisamment pour attaquer en mesure. (La légende a ici un double sens qui veut dire : « pour être engagés au même titre, dans l'affaire. »)

(*Fischietto*, de Turin 19 septembre.)

EN ATTENDANT LE MAITRE

Fervet opus, à Paris, pour la grande réception du Tsar.

Et cela avec la pensée de stupéfier le monde par de grands projets.

On ménage au Tsar la fatigue de planter le drapeau impérial sur la cité conquise.

Les sans-culottes du Conseil municipal se résignent à endosser la livrée de l'odieuse aristocratie.

Mais une épine douloureuse perce le cœur de la pauvre Marianne.

A Vienne et à Berlin, le chéri Nicolas a revêtu l'uniforme des régiments allemand et autrichien dont il est le propriétaire, tandis que, par réciprocité, les souverains qui le recevaient endossaient l'uniforme de leur régiment russe.

Pourquoi ne le nommerait-on pas propriétaire de l'armée française ? De la sorte, il pourrait s'habiller en maréchal de France...

...et qui sait si, à son tour, il ne nommerait pas l'ami Félix Faure ataman de la garde cosaque pour lui permettre de faire bonne figure à ses côtés ?

A Bruxelles. Et dire qu'ils vont jusqu'en Russie chercher un empereur, alors qu'ils n'auraient qu'à télégraphier ... même à téléphoner, et je serai immédiatement à leur disposition !

(*Fischietto*, 22 septembre.)

FOLIE DU JOUR.

Musée d'objets populaires franco-russes, imaginé par le *Fischietto* de Turin, en réponse au musée des objets d'actualité créés par l'industrie parisienne publié par l'auteur de ce livre dans le *Figaro* du 2 octobre. A côté d'un certain nombre de bibelots fidèlement reproduits, tels le tambourin, la glace à trois faces, le calendrier perpétuel, le porte-monnaie. les boîtes de papier à lettre. le *Fischietto* a cru devoir inventer des objets fantaisistes destinés à mieux montrer, d'après lui, la folie russophile régnant à Paris. C'est ainsi qu'il a imaginé la tête de porc « à la Nicolas », le vase de nuit aux armes, la graisse d'ours blanc l'inexpressible avec la légende *Vive Nicolas !* à l'usage des belles personnes, et les décorations pour têtes trop chauves s'appliquant sur le crâne, au moyen de l'impression. Quant au coucou : *A bas la Triplice,* il aurait pu, effectivement, figurer parmi les jouets d'actualité et l'on pourrait s'étonner qu'il n'ait pas été inventé par un de nos habiles ouvriers parisiens, si l'intérêt du moment ne s'était trouvé porté ailleurs, c'est-à-dire uniquement sur le Tsar et la Tsarine. Au fond, la page du *Fischietto* est une amusante et spirituelle caricature de notre musée franco-russe et moins acerbe que ne le sont, généralement, les images de ce journal.

(*Fischietto*, 6 octobre.)

OPPORTUNISME

La République borghésienne de France qui, depuis longtemps, n'a pas eu de roi à sa tête, est amenée par opportunisme et par la force des choses à porter en triomphe un autocrate.

(L'*Asino*, de Rome, 5 septembre.)

Dans le haut, cortège de prisonniers russes pour la Sibérie.

La venue officielle du puissant Nicolas II. empereur deRussie. a tellement réchauffé le milieu parisien que le degré de l'enthousiasme se peut voir au thermomètre de la Dualice ; et cela pendant qu'au dehors le thermomètre de la Triplic accuse un climat très rigoureux, prêt à se changer en glace.   (*Le Perroquet*, de Bologne, 4 octobre.

DEPUIS LES VISINES

Le Tsar à Darmstadt fait le nécessaire pour calmer les ardeurs qui auraient pu monter à la tête de ses hôtes.   (*Pasquino*, de Turin, 25 octobre.)

Viendra-t-il ? Ne viendra-t-il pas ? Cette question passionne Mlle R. F. qui, ne doutant pas de sa venue, se met en quatre pour lui trouver un logement convenable

En tout cas, si le Tsar vient sans la Tsarine, il rapportera à la maison de jolis cadeaux, même pour les petits empereurs. Vu la diminution constante de la *production humaine* dans le beau pays de France, Mlle R. F. pourra reporter sur la Russie l'exubérance de ses instincts maternels.

— *Comment donc, voisine ?* Si tu crois, dès maintenant, à la possibilité de la venue du Tsar dans la Rome, est-ce que tu ne devrais pas immédiatement préparer lampions et drapeaux, comme je le fais à Paris ?

— S'il vient, il sera le bienvenu et les fêtes de la maison de Savoie serviront encore pour lui.

J'aurais souhaité de voyager en compagnie plus joyeuse que celle que j'ai eue à mon départ de Vienne.

(*Pasquino* de Turin, 16 août et 6 septembre.)

A PROPOS DE LA GRANDE CONSPIRATION FENIANONIHILISTO ANAR-
CHIQUE DIRIGÉE CONTRE LES MAISONS RÉGNANTES D'ANGLETERRE ET DE
RUSSIS *(Sic)*.

« La vérité est que la conspiration a été faite en haine seule de Marianne qui, non
sans raison, fulmine avec sa rage habituelle contre ses semblables. Mais la police
internationale a eu soin d'enserrer en de solides lacets ceux qui voulaient semer de
surprises peu agréables la voie triomphale par laquelle le Tsar doit se rendre aux em-
brassades officielles.

« Oh ! vous ne voudriez pas que le Tsar puisse voir sur son passage d'aussi tristes
figures ! Donnez-moi donc un baiser pour l'amour... de la Russie, et je serais joyeux
comme les autres.

« Messeigneurs (en français, dans l'original)! laissons ceux qui vont recevoir et prome-
ner le Tsar en équipage Louis XVI ! Je propose qu'en signe de fraternelle alliance, il
soit nommé *Citoyen français !* »

(Pasquino, 20 septembre.)

« Conspiration dirigée contre les maisons régnantes d'Angleterre et de Russie » ceci
est un comble surtout lorsqu'on connaît les dessous de l'affaire Tyan. « En haine de
Marianne » : ceci paraît plus juste pour les raisons que l'on sait.

9.

TSARINADES

Le malheureux président Faure reste un long temps à se décider sur le modèle de costume qu'il lui faudra revêtir pour l'arrivée du Tsar... Devra-t-il être à pied ou à cheval ?... — Dans le costume de Clovis ?... ou du grand Carnot ?... — A force d'aller de l'un à l'autre, il finit par se décider à entrer triomphalement dans Paris, à rebours, en carrosse, et vêtu en simple bourgeois. — A vrai dire, le costume le mieux approprié à la circonstance eût été celui du « Roi Soleil »... Mais celui-là pouvait dire : *l'État, c'est moi !* tandis qu'aujourd'hui, Marianne se prosterne avec lui, pour crier : *l'État, c'est lui !*

(Composition de Téja, *Pasquino,* 11 octobre.)

Cette question du costume du Président de la République n'est point nouvelle. Déjà du vivant de Carnot, en 1893 notamment, et même, bien antérieurement, dès l'origine de la République, sous Thiers, sous Grévy, elle avait été agitée ! Pour s'en convaincre, il suffit de parcourir la collection des journaux à caricatures, *l'Éclipse* notamment.

L'auteur de la vignette ici reproduite, le dessinateur Téja, est un des plus féconds caricaturistes italiens. Ses compositions sont toujours de grandes pages en couleurs.

LE TSAR EN FRANCE

   Prosternée à vos pieds, ô gracieux Empereur et Maître, la France vous offre ses respectueux hommages. Nous ne sommes plus Français, aujourd'hui ; non, nous sommes Tartares. Votre visite nous met la tête à l'envers. Il n'y a pas en France, en ce moment, un seul homme qui ne serait heureux de mourir à vos pieds !

(Uilenspiegel, de Rotterdam. 22 août.)

LE CZAR ET LA CZARINE EN VOYAGE

La Czarine au Czar : Apercevez-vous ce spectre ?
(*Weekblad voor Neederland*, d'Amsterdam, 20 septembre.)

LES NATIONS PROSTITUÉES.

NAPOLÉON: „Ma grande nation?"

(*Abraham Prikkile*). de Rotterdam, octobre.

Qu'un journal à caricatures se soit amusé à représenter Napoléon Ier trompé par la France, après avoir été trompé par ses épouses, cela était tout indiqué : mais le journal hollandais dont nous reproduisons ici les images injurieuses, au plus haut degré par leurs légendes principalement, d'abord parce qu'on leur a donné un qualificatif général français, ensuite parce qu'on s'est servi, à ce propos, de termes absolument bas et méprisants, a véritablement poussé les choses à l'extrême. Ni le *Fischietto*, ni l'*Asino*, ni le *Nebelspalter*, ni le *Borsszem Janks*, ni même les *Lustige Blætter* dont le numéro contenant l'image *la fin du bacchanal* a été saisi dans les kiosques — on se demande pourquoi alors que toutes les insultes graphiques venant d'Italie et autres lieux s'étaient depuis des semaines impunément étalées — n'avaient été aussi loin.

Les deux compositions ici reproduite, à titre de document pourront mieux que toutes les dissertations, nous fixer nous-mêmes et renseigner de façon précise la postérité sur les véritables sentiments de l'Europe à notre égard.

— Ah ! ah ! définitivement parti ! Et qu'avez-vous reçu de lui ?
— Rien : Il a demandé, au contraire, à m'emprunter de l'argent.

(Abraham Prikkie, octobre)

Que l'Allemagne, que l'Italie, que l'Autriche même, c'est-à-dire les pays de la Triple-Alliance se livrent à de pareils écarts de crayon, cela aurait encore une raison d'être ; mais de telles attaques venant d'un pays neutre, comme la Hollande, qui n'a aucun intérêt dans l'affaire, sont véritablement inexplicables et prêtent par cela même à toutes les suppositions.

Que diable ! nous ne sommes plus sous Louis XIV ni sous la grande République : personne parmi nos politiciens n'est disposé à chercher noise au royaume des Pays-Bas.

Alors pourquoi ?

Que diraient les Hollandais si un journal à caricatures français se permettait de traiter pareillement la reine de Hollande. Qu'on s'amuse aux dépens d'un souverain qui lui-même s'amuse, cela ne porte pas à conséquence, mais, ici, c'est toute une nation qu'on insulte.

L'IDÉAL RUSSE A PARIS

Marianne-France. — Tsar! — O doux tyran.— Amour, argent, je t'ai tout donné. Prends encore ce berceau, je t'en prie, dans lequel j'ai mis mon cœur. — O pourquoi ne puis-je pas être la nourrice de ton héritier ?

(*Nebelspalter*, de Zurich, 5 septembre.)

L'AUTOCRATIQUE TSAR CHEZ LA RÉPUBLICAINE FRANCE

Saute, saute seulement, ma France. L'amour peut tout, accepte tout, supporte tout. Toi et moi, moi et toi.

— Oui, deux comme nous.., cela ne se voit pas souvent !

(*Nebelspalter*, de Zurich, 3 octobre.)

LE BON CZAR

Dessin de Godefroy

(*Le Sapajou*, de Genève, 1er octobre.)

* Le dessinateur Godefroy, qui collabore à la fois à *la Caricature* de Paris, au *Sapajou* et au *Carillon* de Genève, est le peintre Auguste Viollier.

Savez-vous ce que nous gagnons à l'alliance ? La paix de la maison, et le moyen de faire enrager la belle-mère.

(*Campana de Gracia*, de Barcelone, 18 octobre.)

La belle-mère, ici, est-il besoin de le dire, c'est l'Allemagne.

Tout à leurs embarras intérieurs, aux affaires de Cuba et des Philippines, les illustrés espagnols n'ont guère pu s'occuper, comme ils l'eussent fait très certainement, comme ils l'avaient fait en 1893, du voyage du Tsar. Toutefois, la *Campana de Gracia*, un vaillant organe satirique qui n'aime ni les Anglais ni les Allemands, n'a pas voulu qu'un événement de cette importance passât inaperçu des crayons espagnols, et il a résumé ses impressions en une image particulièrement savoureuse.

Mais on chercherait vainement la plus petite vignette franco-russe dans les feuilles caricaturales de Madrid, *El Motin*, *La Caricatura*, *Don Quijote*, comme dans les autres organes de Barcelone. J'ajoute, avec plus de regret encore, que Bordallo Pinheiro, le vaillant caricaturiste portugais, au crayon toujours si incisif, n'a rien donné non plus, sur ce sujet, dans son *Antonio Maria*

**Heureux homme ! — Laquelle est-ce ? — L'une seulement,
ou toutes les deux.**

(*Moonshine*, de Londres.)

Le Tsar entre l'Angleterre et la France qui s'évertue à couvrir de roses son chemin.

MÉDAILLONS BISCUIT ET PLATRE

II. - LA CHANSON.

Chants patriotiques. — Chansons sur le Tsar. la Tsarine et le Président de la République. — Chansonnettes comiques et faubouriennes. — Les images des couvertures.

Pour la seconde fois, en cette fin de siècle — qui sait si ce sera la dernière? — la chanson française vient de célébrer les Russes.

Faut-il s'en étonner? — Non point, puisque le siècle, à son aurore, n'avait eu que des rimes aimables pour ces mêmes Russes, alors membres actifs de la Sainte-Alliance et, comme tels, ennemis acharnés de la France. Il est donc bien juste que cette chanson qui avait si joyeusement accueilli l'amiral Avellan et ses marins, venus en avant-garde, embouche aujourd'hui la trompette de la Renommée.

D'abord les chants patriotiques : *Salut au Tsar !* — *Bien-*

*venue au Tsar ! — Vive le Tsar ! — Honneur au Tsar !
— Hommage au Czar ! — Salut, Tzar de Russie !* —
destinés à fêter la visite des souverains russes en France. Et
non point la cantate banale, l'hymne célébrant uniquement
les vertus personnelles du monarque, portant aux nues ses
mérites, sa gloire, sa grandeur, mais bien la note patriotique française et l'appel à la paix universelle. Une « marche
fraternelle » — c'est ainsi qu'elle s'intitule — mise en musique sur le *Chant du départ* — pauvre Méhul accommodé
à toutes les sauces — n'arbore-t-elle pas ce titre significatif:
C'est le triomphe de la Paix?

Je passe les *hourra pour le Tsar et sa noble compagne ;* les *Salut au libérateur, au noble souverain,* les appels à sa grandeur, à sa justice, à sa clémence, à son inter-
vention dans les affaires d'Europe :

> Toi, noble et fort, regarde de Turquie
> Les malheureux, couchés dans le sillon,
> Assez de morts, assez de tyrannie,
> Libérateur, ils béniront ton nom,

pour ne voir que la note patriotique et purement pacifique :

> Sur nos chemins fleuris par les vierges de France
> Viens chercher le baiser de la fraternité.

Ainsi s'exprime l'*Hommage au Czar,* tandis que *Honneur
au Tsar* a pour refrain, sur un mouvement de valse :

> C'est l'âme de la Patrie
> Souriant à son amie,
> T'sar, qui vous recevra,
> Qui vous acclamera !
> C'est la fière République,
> A la voix mâle, stoïque,
> Levant son étendard,
> Criant honneur au Tsar !

Il y a mieux encore ; c'est : *Chantons la gloire de la Russie*, « en l'honneur de Nicolas II venant recueillir tous les vœux de notre République ».

Sainte Russie et Grande France ! telle est la pensée de tous ces faiseurs d'hymnes, non plus la *Sainte Russie* si magistralement caricaturale de Gustave Doré, mais la vraie, l'officielle *Sainte Russie*, suivant l'appellation consacrée, et la France régénérée, donnant au « noble Tsar », au héros du jour, son âme tout entière, sans abdiquer pourtant la Liberté.

C'est ainsi que la poésie populaire explique l'alliance de l'empereur de toutes les Russies et de la République française.

Après le présent, l'avenir, l'avenir que la chanson patriotique n'oublie jamais en ses élans, en ses appels, en ses invocations vibrantes comme le clairon, et sentant déjà le pas de charge. Et l'avenir c'est, comme toujours, naturellement, l'espérance de revoir les pays perdus, la Revanche en un mot.

Presque pas une œuvre qui ne fasse intervenir, de façon quelconque, l'Alsace et la Lorraine oubliant leur tristesse et leur chaîne en présence de « notre gaieté ».

> Sonnez, ô cloches d'airain
> Du pays Lorrain !
> Sonnez, libres, fières !
> Sonnez, sonnez le grand jour !
> Sonnez le retour
> Des saintes frontières.

Voilà ce que nous dit *la Marche du Tsar* de MM. Antonin Louis et Darien, *chanson d'actualité* « déjà vieille de trois mois », car elle prit naissance le 14 juillet, au bal donné place de l'Opéra par les journaux *le Gil Blas* et *le Journal*.

10.

Série de chansons relatives à la visite du Tsar

(Réduction miniature d'après les originaux.)

Série de chansons relatives à la visite du Tsar.
(Réduction miniature d'après les originaux.)

Et le *Salut au Tsar !* de MM. Christian de Trogoff et Georges Lafond, hymne également patriotique, chante la prière suivante :

> Si la discorde éclatait sur nos têtes,
> En brandissant ses terribles flambeaux,
> Notre étendard sait braver les tempêtes,
> Et l'aigle noir veille sur vos drapeaux !
> Des bords du Rhin au fond de la mer Noire,
> On nous verrait surgir de toute part,
> Lançant au ciel votre cri de victoire :
> Hurra ! pour Dieu ! la Russie et le Tsar !!!

Paix et fraternité, gloire et revanche, tels sont les sentiments et les désirs exprimés en ces chants patriotiques, quoique, assurément, ce que demandent, avant tout, les auteurs c'est

> ... Que le ciel apaise les tempêtes
> En bénissant le Tsar et les Français !

Son bras, son cœur, sa main, la France offre tout au Tsar — du moins, c'est ce que donne généreusement au César moscovite *la Bienvenue* — et, en échange, elle attend tout de lui.

Pour avoir été moins honorée, l'Impératrice n'a pas été oubliée cependant. Notons : *la Czarienne* et *Pour la Czarine*, sans parler des œuvres qui l'associent à son auguste époux.

Du reste, combien vibrante la chanson !

Jusqu'aux petits, tout le monde s'en mêle. Un chœur scolaire ne chante-t-il pas :

> Nous savons comment nos grands frères
> A Cronstadt furent acclamés ;
> Russes, si vous aimez nos pères,
> De nous vos enfants sont aimés.

Si la *Lettre d'un petit Français à Sa Majesté le Tsar Nicolas II* se porte garant de l'enthousiasme de la nation :

> ... Au pays où l'on vous aime,
> Ne craignez pas d'être déçu,
> Ce serait le bon Dieu lui-même
> Qu'il ne serait pas mieux reçu !

l'*Hommage à notre allié Nicolas II* nous promet monts et merveilles, de quoi satisfaire les plus exigeants, de quoi contenter les incrédules — Rochefort en tête — qui mettent en doute l'existence d'un traité franco-russe. Écoutez l'*Hommage* :

> Il apporte à ses bons amis
> Républicains de France,
> Le papier sur lequel est mis
> Le sceau de l'Alliance.

Après cela, chacun peut être tranquille.

Mais n'allez pas croire, non plus, que dans son enthousiasme pour le Tsar la chanson oublie le premier magistrat du pays. Que non pas ; elle n'est point ingrate, la chanson, elle est heureuse d'associer Félix Faure à Nicolas. Il en est même une, *l'Apothéose franco-russe*, qui a des conceptions quelque peu hardies en fait de répercussion des sons, car voici son refrain :

> Poussons le cri de : Vive Félix Faure !
> L'écho répond : Vive le Tsar !

tandis qu'une autre, plus fantaisiste encore, et se complaisant aux jeux de mots, donne comme dernier cri :

> Vive le f...aure Tsar !
> Vive le Tsar Faure !

sans nous dire, toutefois, où se trouvera l'écho assez fantaisiste pour faire rimer ces vivats.

Après la chanson patriotique, la chansonnette comique et même la chanson faubourienne ; c'était inévitable. Gavroche ne désarme jamais, et l'alliance de Marianne avec l'autocrate de toutes les Russies a eu le don de mettre en joyeuse humeur le peu respectueux gamin de Paris. Voici dans ce domaine, la *Lettre de Marianne à Nicolas*, donnant au souverain un avant-goût des curiosités parisiennes : le bâton blanc des sergots, Cléo « qu'à z'eu l'prix au concours des belles », Mesureur « zigu' j'men ficheur ! », et lui disant en matière de conclusion :

> Comme enfant des Tzars,
> Descends aux Quat'z-Arts !

puis *Francillonnette et Nicolas*, histoire rimée de Mademoiselle R. F. qui, courtisée par le gros Guillaume et le beau Nicolas, finit par épouser son petit préféré :

> Ils firent leur voyag' de noce
> A Paris, s'payèr'nt une bosse ;
> On leur fit un tel succès,
> Qu'Guillaume en eut un abcès.

Cet *abcès* a son histoire et passera ainsi, très certainement, à la postérité, s'il faut en croire mon confrère Chincholle qui, dans *le Figaro*, a raconté que le texte primitif de l'auteur portait : *accès*. C'est donc, à proprement parler, « l'abcès de la censure » qui, ne pouvant admettre que l'empereur d'Allemagne prît des accès pour si peu de chose, préféra lui donner une bonne maladie. De quoi faire le bonheur de la censure russe fertile en inventions ingénieuses.

Voici encore : *Pour bien voir le Czar*, qui s'intitule « chanson vécue », et raconte les péripéties d'un bon bourgeois ayant voulu comme tout le monde, naturellement, aller saluer le souverain à son entrée dans Paris, muni à

OCTOBRE SOUVENIR DES FÊTES FRANCO-RUSSES 1896

Verso d'un des programmes officiels; reproduction en fac-similé de l'original in-folio.

(La même page a été vendue comme placard de chansons.)

cet effet, d'une échelle de six pieds et de deux vieilles chaises.

> ....Tout à coup,
> Quel charivari !
> L'public ahuri,
> Pousse un grand cri :
> « Regardez donc là-bas,
> Le voilà, le voilà, Nicolas ! »
> Brutal'ment l'public se tasse,
> L'échelle casse
> Et... bonsoir !
> J'fais la planche au milieu du trottoir.

Attendez, ce n'est point tout. Jusqu'alors on s'était tenu, pour ne point créer de difficultés au protocole sans doute, mais une fois le Tsar parti, *endarmstadté*, comme l'a écrit un joyeux humoriste, on allait pouvoir s'en donner à cœur joie.

Lisez *l'Entrevue franco-russe* racontée par l'auteur, Eugène Lemercier, en laquelle on entend Félix Faure rappeler qu'il avait jadis un penchant

> pour le cuir de Russie ;

puis *les Tribulations de Félix*, « chanson franco-*rosse* » (*sic*), qui nous fait part des pensées intimes du Président de la République :

> ... c'est fort embêtant !
> Moi qui, dans Paris, n'reste pas un instant,
> Au lieu d'aller tirer l'perdreau,
> Près du Tsar, j'vais m'tanner... la peau,

et qui montre notre premier magistrat « se collant », pour séduire le Tsar,

> Des guêtres jaun's comme les cocus
> Avec des aigles noirs dessus ;

puis encore, ce qui était inévitable, *Un cri séditieux*, c'est-

à-dire l'histoire du monsieur fourré au poste pour avoir
crié *Vive l'Empereur* :

> Mais, écoutez-moi, je vous prie,
> Le cri que j'voulais fair' partir
> C'était : Vive l'Emp'reur de Russie ;
> Mais on m'a pas laissé finir !
>
> Ah ! fallait donc l'dir' tout d'suite,
> M'fit l'commissair', m'serrant la main ;
> Mon cher ami, je vous félicite,
> Vous êt's un vrai républicain !

Et c'est ainsi que, allant toujours de l'enthousiasme à la
blague, sans transition, la chanson française est en train de
passer au crible du gavrochisme parisien cette alliance russe
pour laquelle, un mois auparavant, elle ne trouvait pas
d'accents assez éloquents.

Tant il est vrai que nous sommes ainsi faits, que nos
emballements naissent et disparaissent avec la même rapidité, que nous aimons à voir nous-mêmes les choses sous
leur double face, que nous nous plaisons à les idéaliser et
à les ridiculiser tout à la fois.

Création multiple, la chanson parisienne appartient à
l'oreille et à l'œil. Après l'avoir analysée, il convient de la
regarder puisqu'elle compte parmi ses amants passionnés
non seulement ceux qui aiment à fredonner les airs à la
mode, à les entendre dans les cafés-concerts, mais encore
ceux qui n'allant pas plus loin que la couverture, captivés
par l'image, se complaisent en la contemplation des titres
tirant l'œil derrière les vitrines des papetiers et des libraires.

Or, ici, ce sont surtout les portraits qui prédominent, en
buste, en pied, à cheval, en voiture. Que d'effigies tsariennes
et combien peu ressemblantes ! Ceux qui feront, un jour,
l'iconographie de Nicolas II, feront bien de ne point s'arrêter
à ces portraits souvent peu flatteurs.

Mais combien amusantes, combien naïves les images allégoriques, le Tsar et Félix Faure se donnant la main ou faisant leur entrée à Paris dans des landaus aux chevaux fringants. Avec son habit, avec son haut de forme à la main, notre pauvre président fait, vraiment, triste figure aux côtés du Tsar : tel un mannequin honteux s'excusant de n'avoir pu s'habiller, d'autant que, on ne sait pourquoi, les dessinateurs l'ont privé de son classique et légendaire monocle. Elles-mêmes, les guêtres historiques, ces guêtres chantées quelque temps auparavant pour la plus grande joie de la galerie, ont disparu des couvertures.

Drapeaux enlacés, armoiries accolées, soldats fraternisant, c'est, pour le reste, l'habituel lieu commun de l'imagerie patriotique.

Chansons, chansons ; dans la joie comme dans la douleur, tout décidément n'est que chansons !

Petite coquette, petite mijaurée ! Voyez un peu, la voilà qui cherche à me supplanter dans les bonnes grâces de mon beau Nicolas.
(*Fischietto*, 15 septembre.)

BIBLIOGRAPHIE-ICONOGRAPHIE DES CHANSONS

I. — LES CHANSONS

N°s 1. — *Ypa !! Ypa !!* (Hourra ! Hourra !) *pour le Czar. A !
l'Armée russe !* Polka-marche. — Poésie de J.-L. Croze,
musique de P. Courtois.

Portrait équestre.

2. — *Salut au Tsar !* Hymne patriotique créé par Man-
suède aux Ambassadeurs. — Respectueux hommage à
Sa Majesté Nicolas II. — Paroles de Christian de
Trogoff, musique de Georges Lafond.

Portrait en buste.

3. — *Bienvenue au Tsar !* Chanson de France. Très respectueux hommage aux souverains de toutes les Russies. — Paroles et musique d'Antonin Louis.

Portrait équestre lithographié. Seconde édition avec couverture nouvelle :
Portrait du Tsar entouré d'un faisceau de drapeaux franco-russes, aigle au-
dessus. Image coloriée.

4. — *Saluons le Tsar !* Chanson patriotique créée par Marius Richard à la Scala et Henri Helme à Ba-ta-clan.
Paroles de Lucien Colonge, musique de J. Claudel.

Au milieu, portrait du Tsar. Sur les côtés, le Président de la République et
Nicolas II. Soldats russe et français se donnant la main.

5. — *Salut au Tsar !!!* paroles de L. Levadoux.

Portrait en buste.

N⁰ˢ 6. — *Vive le Czar ! Vive la Czarine !* Paroles et musique de Henri Bachmann.

Femme du haut d'un balcon acclamant Paris illuminé.

7. — *Marche du Tsar.* Hommage très respectueux à Sa Majesté Nicolas II. Chanson créée le 14 juillet 1896, au bal donné, place de l'Opéra, par les journaux *le Gil Blas* et *le Journal.* Chanson-marche, paroles d'Antonin Louis, musique de J. Darien.

Portrait en buste.

8. — *Vive l'Empereur de Russie !* Hommage à notre allié Nicolas II !! Air : *Le Passeur des Amours ;* paroles de Vercingétorix.

Portrait en buste, colorié.

9. — *Honneur au Tsar !* Chanson patriotique pour fêter la visite des Souverains russes en France. Paroles et musique de G. Poivilliers.

Allégorie : le Tsar, ayant au bras la Tsarine, tend la main à M. Félix Faure, derrière lequel est une République, drapeau en main. Dans le haut, soldats russe et français se donnant la main, tandis que la Triplice est représentée par trois soldats armés, avec canon derrière.

Couverture tirée en rouge.

10. — *Hommage au Czar.* Chant patriotique créé par Eugène Berlot au concert du Cadran, paroles d'Ernest Voillequin. Air du *Toast à la Patrie.*

La foule acclamant les souverains passant en voiture sous l'Arc de triomphe. Tirage en bleu.

11. — *Salut, Tsar de Russie !* Cantate créée par Marius Richard. Hommage à Sa Majesté le Tsar Nicolas II, empereur de Russie. — Paroles de Gaston Hetma, musique de François Nicolaïe.

Drapeaux et écussons.

12. — *La France au Tsar.* Chanson patriotique créée par Marius Richard à la Scala et Henri Helme à Ba-taclan. Paroles de Lucien Colonge, musique de J. Claudel.

Même composition que *Saluons le Tsar* (n⁰ 4).

Nos 13. — *La Bienvenue*. Paroles d'Edmond Momy, musique de A. Calle.

Soldats russes et français unissant leurs drapeaux.

14. — *Le Sultan blanc* (L'Ak-Padischah). Marche sacrée, chant national franco-russe composé en l'honneur du tzar Nicolas II. Poésie d'Edmond Martin et René Bocquet, musique de J. Schyn.

Vignette coloriée représentant le couronnement.

15. — *Vive le Tsar ! Vive la Tsarine !* Chanson patrioti-que créée par Marius Richard, à la Scala, et Rosien à la Cigale. Paroles d'Émile Chéret et musique de Méhul.

Portraits des souverains, en médaillon. Au-dessous le Tsar défilant dans les Champs-Élysées.

16. — *Pour la Czarine*. Marche franco-russe, créée par Dambreville à la Cigale. Paroles de Paul Erasme, mu-sique d'Emile Spencer.

Portrait en buste, colorié.

17. — *La Czarine*. Chanson franco-russe. Édition impé-riale. Paroles d'Armand Lafrique, musique de Louis Ganne.

Portrait, avec les tours de Moscou.

18. — *La Czarienne*. Chanson-marche. Souvenir du pas-sage à Paris de LL. MM. l'Empereur et l'Impératrice de toutes les Russies. Paroles et musique de Désiré Durante.

Couverture ornée, imprimée en bleu.

19. — *L'Apothéose franco-russe ou le Czar à Paris*. Chan-son patriotique, créée par Louise Ferté aux Ambassa-deurs. Paroles de Léo Lelièvre, musique d'Émile Spencer.

Le Tsar et M. Félix Faure se donnant la main : au-dessous soldats russe et français trinquant. Composition coloriée.

20. — *A la Russie !* Chant patriotique. A nos amis de Russie. Paroles de Berthe Lacombe, musique de W.-F. Siep.

Allégorie décorative occupant les deux faces.

11.

Nᵒˢ 21. — *A la Russie !* Grande marche chantée, suivie de l'Hymne russe. Paroles de Léon Nunès, musique de Jules Deschaux.

Pas de couverture.

22. — *Chantons la gloire de la Russie !* Chanson patriotique, créée par Dambreville à la Cigale. Paroles de J.-R. Diespercher, musique de J. Loudet.

Portraits coloriés du Tsar et de la Tsarine, sur le drapeau tricolore. Dans le fond l'Alsace et la Lorraine.

23. — *La France à la Russie.* Chant patriotique. Paroles de Lelandais, musique de Abel Gay.

Un char attelé de deux lions sur lequel un soldat français et un soldat russe se tiennent par la main. Dans le fond, la statue de Strasbourg.

24. — *C'est le triomphe de la Paix.* Hommage à Sa Majesté l'Empereur de toutes les Russies. Air : *le Chant du départ.* Marche fraternelle créée par Dambreville à la Cigale. Paroles de E. Riffey, musique de Méhul.

Portraits du Tsar et de M. F. Faure, dans des médaillons.

25. — *Tout pour la Paix.* Chant patriotique. Paroles d'Ernest Henon. Musique de L. Démortreux.

26. — *Le Triomphe de la Paix ou la Visite du Tzar.* Marche franco-russe, créée par Marius Richard, à la Scala. Paroles de Léo Lelièvre, musique d'Emile Spencer.

Allégorie : la Paix sur un char entouré de déesses.

27. — *Paris-Moscou, ou pour célébrer le Tzar,* créée par Mansuède aux Ambassadeurs, Kaiser à l'Alcazar d'été et Henri Helme à Ba-ta-clan. Paroles de Lucien Colonge, musique de Deconclois.

Allégorie coloriée : cérémonie de Moscou et fêtes de Paris.

28. — *Vive la Russie !* Chœur scolaire. Au Tzar et à la Tzarine, aux écoliers et aux écolières russes. Paroles de Frédéric Choiral, musique de Ch. Otter.

Composition coloriée : enfants russes et français se donnant la main

·Nᵒˢ 29. — *La Mort de Lobanof*. A Sa Majesté le Tsar. Paroles d'Emile Chéret, musique de Ed. Deconclois.

> Allégorie : couverture ayant déjà servi, en 1893, pour : *A la Russie tendons les bras* ; et pour *la Franche Alliance*.

30. — *Lettre d'un petit Français à Sa Majesté le tsar Nicolas II*. Paroles de C. Soubise, musique de A. Jouberti.

> Titre sur un aigle à fond jaune.

31. — *Lettre de Marianne à Nicolas*, sur l'air de *la Promise*, créée par Reschal à la matinée annuelle du *Courrier Français*, aux Ambassadeurs. Paroles de Jean Meudrot, musique de G. Marietti.

> Composition : Marianne en costume tricolore écrivant à Nicolas.

32. — *Pour bien voir le Czar...* Chansonnette comique créée par Lejal à la Scala. Paroles d'Eugène Lemercier, musique de Léon Dequin.

> Sujet comique : personnages juchés sur des chaises ; d'autres tombant d'une échelle.

33. — *L'Entrevue franco-russe*, racontée par l'auteur, au Tréteau de Tabarin. Chanson d'Eugène Lemercier.

> Composition-omnibus servant aux morceaux du chansonnier.

34. — *Les Tribulations de Félix*. Chanson franco-*rosse* (*sic*), de Jean Meudrot.

> Portrait-charge du Président de la République.

35. — *Francillonnette et Nicolas*. Chanson populaire créée par Victor Lejal, à la Scala. A tous les amis du Tsar (Ah ! si chacun achetait un exemplaire !!) Paroles et musique d'Antonin Louis.

> Le Tsar offrant son bras à Francillonnette.

36. — *L'Hymne d'alliance*. Chanson patriotique créée par Dambreville. Paroles d'Eugène Vidal, musique d'Émile Spencer.

> Marins russe et français se donnant la main.

Nos 37. — *Salut au Tsar*. Chant patriotique, paroles de G.-M. Abadie, musique de A.-S. Petit.

Leurs Majestés, avec le Président de la République, descendant les Champs-Elysées en calèche découverte.

38. — *Chevauchée de Cosaques*. Paroles de Ch. Moulin-Caligula, musique de Casemajor. Créée par Mme Yvonna à l'Eldorado.

Pas de dessin.

39. — *Marche russe*, chœur ou solo *ad libitum*. Paroles de L. Roger-Milès, musique de Louis Ganne. Édition impériale publiée à l'occasion de la visite de Leurs Majestés l'Empereur et l'Impératrice de Russie.

Portrait, avec les cloches de Moscou au-dessous.

40. — *Vive la Russie!* Hymne patriotique créé par MM. Mansuède aux Ambassadeurs, Jourdain à la Cigale, Amand à la Gaîté-Rochechouart, Henri Helme à Ba-ta-clan. Paroles de Jules Van Hecke, musique de Ferdinand Raynal.

Femme tenant en main un drapeau russe.

41. — *La Tsaréwna*. Mazurka slave, musique de Saint-Georges d'Estrez. A son Altesse Imp. la grande-duchesse Xénia.

Tours et clochers du Kremlin. Femme costumée en russe, plaçant une guirlande de rose au-dessous de l'écusson.

42. — *Salut! Tsar!* Paroles de D. Pinel, musique de Louis Mège. Chanson créée par Lagrèse, à la Pépinière.

Le Tsar et le Président de la République se donnant la main ; tout autour petite vignette.

43. — *Salut à la Russie. La Tsarine*, Valse. Paroles de Albert Nilly, musique de Abel Gay.

Portraits du Tsar, de la Tsarine et de Félix Faure, dans des médaillons. Image coloriée.

44. — *Salut, frères de Russie*. Chant patriotique créé par Hugues à Ba-ta-clan, Mme Mont-Charmant aux Nouvelles-Folies. Paroles de G. Saint-James, musique d'Albert Radoux.

Ancre sur les drapeaux franco-russes. Dans le fond, ange de la Paix.

45. — *Un cri séditieux*. Chanson-monologue créée par Sulbac à l'Eldorado. Paroles de René Esse et Gerny, musique de Gaston Maquis.

Portrait-charge de Sulbac.

Nᵒˢ 46. — *La Marseillaise franco-russe*, par Henri Leriche.

Feuille volante sans musique. Les vers ont une certaine allure.

47. — *Le Csar à Paris*. Chant patriotique créé par MM. Daubreuil et Mauraisin, à la salle des fêtes du Palais des Beaux-Arts. Paroles de A. Ruffier et C. Bussière, musique de Th. Lefort et J. Desmarquoy.

Couverture coloriée : le Tsar et le Président de la République se donnant la main, sur les marches de l'autel de la Paix : devant, un lion couché. — N'existe qu'en grand format.

48. — *Salut au Czar*. Chant patriotique créé par Mansuède aux Ambassadeurs. Paroles de Z. Duc, musique d'Emile Spencer.

49. — *Chant national franco-russe, Marseillaise en l'honneur du Tzar*. Paroles d'Émile Germain.

50. — *Hymne franco-russe*, par J. Larrin.

51. — *Les Tribulations du Tzar* racontées par Gugusse. Chanson par Mario Star.

II. — MUSIQUE

52. — *Au Tzar*. Hymne-marche. Poésie d'Armand Lafrique, musique de V. Timon.

Portrait-buste du Tsar entouré de faisceaux de drapeaux aux couleurs des deux nations.

53. — *Le Nord et l'Occident*. Marche franco-russe par J. Schyn, transcrite pour piano par J. Duthilt.

Couverture coloriée. Femmes debout, entourées de drapeaux aux couleurs des deux nations ; dans le fond, soldats russes et français.

54. — *Chanson russe*. Paroles de Xavier de Maistre, avec accompagnement de piano par Maquet.

III. — PLACARDS

55. — *Nouveau recueil de chansons gauloises*. Grand succès des concerts (Le Triomphe de la Paix, ou la Visite du Tsar ; L'Apothéose franco-russe ou le Tsar à Paris ; Marche lorraine, etc.) deux pages in-folio. Paris, librairie Repos.

Placard avec vignettes, portrait et musique.

Nᵒˢ 56. — *Les grands Succès du Jour.* Nouvelles chansons françaises et patriotiques. Chansons, chansonnettes, romances et monologues. (Marche franco-russe ; *Les deux Drapeaux* ; *Salut à la Russie* ; *Hommage à la Czarine.*) Paris Hayard. Deux pages in-folio.

Portraits du Tsar et de la Tsarine. Gravure : Le Tsar et la Tsarine d'un côté, Félix Faure de l'autre, se donnant la main. Derrière eux groupes de personnages, Russes et Français.

57. — *Paris-Chansons.* Edition spéciale publiée à l'occasion de la visite du Tsar à Paris, contenant les deux grands hymnes nationaux, français et russe, complets. Deux pages in-folio. Paris, librairie Ondet.

Gravures et musique pour piano.

SCÈNE NOCTURNE DANS UNE PETITE
RUE EUROPÉENNE.
Iwan : Allons, faisons connaissance, j'y gagnerai peut-être quelque chose.
(Der Floh, de Vienne.)

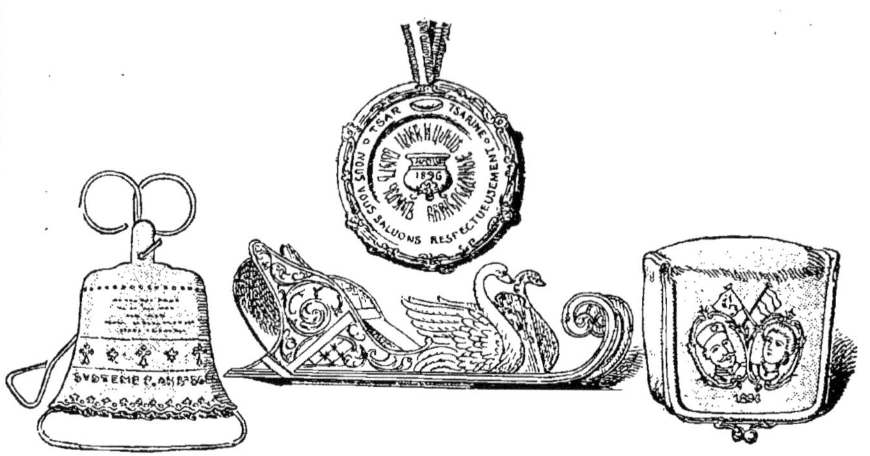

1. Fac-similé du plat en or et de la salière sur lequel le pain et le sel ont été offerts à l'empereur de Russie à son arrivée à l'Ambassade. — 2. Question de la cloche : le Kremlin de Moscou (objet en cuivre). — 3. Traîneau en carton pour menus. — 4. Blague à tabac.

L'IMAGERIE ET LES BIBELOTS POPULAIRES

Tout à la Russe. — Imprimés, images et portraits. — Bibelots de pure actualité, Objets d'usage usuel.

Voici, véritablement, le « tout à la russe » tant de fois invoqué, tant de fois mis à la mode, le « très russe » de la littérature, déjà ridiculisé, il y a quelques années, par une chanson, *la Russomanie*.

Pas le « très russe » des salons, des mœurs, des idées, du *snobisme*, en un mot, mais le « très russe » de l'imagerie et du bibelot, quoique, cette fois, l'influence se soit exercée dans tous les domaines et sur tous les publics; quoique, à côté de l'objet de quatre sous inventé et fabriqué par l'artisan parisien, le petit ouvrier en chambre du Marais, brillent des pièces intéressantes sortant de maisons connues.

Grands et petits, tout le monde a voulu participer à

l'œuvre, tout le monde a voulu apporter son concours au musée pittoresque du Tsar.

Ici, les objets de luxe ; là, les objets populaires.

Ici, les créations artistiques; les objets — bijoux, éventails, papier à lettre, sacs de bonbons — qui, même l'actualité passée, conserveront encore leur intérêt, leur cachet

CAMELOT COSTUMÉ EN RUSSE. CAMELOT VENDANT LES BUSTES DU TSAR

D'après des croquis du journal *Le Petit Bleu*, de Bruxelles. Le jour où le tsar se rendit à Versailles c'est-à-dire le 8 octobre, quantité de camelots, nous apprend *le Figaro*, s'étaient affublés de costumes russes et mélangeaient à leurs pittoresques boniments quelques mots russes empruntés aux glossaires répandus, alors, sous toutes les formes. Grâce au *Petit Bleu*, l'idéal du quotidien illustré, ce singulier accoutrement a pu nous être conservé.

d'élégance : — le musée russe du grand monde, si l'on peut s'exprimer ainsi.

Là, les mille bibelots à l'usage des petites gens; tout un monde de médailles, de bijoux, de gravures, de placards, de chromos, de décorations, cocardes et ornements — étoffe ou papier — de mouchoirs aux souvenirs imprimés, de jouets, de cartonnages, de questions, le camelotage si l'on

préfère, tout ce qui a été mis à l'étalage des bazars, ou
crié, de par les rues, tout ce qui a pris naissance durant la
« semaine russe », quelquefois apparaissant et disparaissant
avec la même rapidité.

Cet ensemble, pour présenter un classement de quelque
intérêt, demande à être divisé
en trois parties :

Les imprimés et les por-
traits ;

Les bibelots de pure actualité ;

Les objets d'un usage usuel
créés ou modifiés dans ce
but par l'industrie parisienne.

Les imprimés sont peut-
être moins volumineux qu'on
pourrait le croire, mais le
choix en est varié. D'abord
les quotidiens, aux man-
chettes sensationnelles, couverts de graphiques, de vignettes au trait, d'images de
toutes sortes — tous ayant

PORTRAIT SUR FER-BLANC.

voulu, pour la circonstance, jouer à l'illustré — puis les
périodiques, qu'il s'agisse de ceux confinés dans leurs spé-
cialités ou de ceux qui ont pour mission de renseigner le
public par l'illustration. En somme, tout ce qui paraissait
auparavant, tout ce qui paraîtra après ; chacun ayant cru
devoir sacrifier à l'actualité russe, quelquefois même re-
vêtant, pour la circonstance, un vêtement nouveau — telle
l'*Illustration* avec sa couverture à l'aigle.

La littérature et l'imagerie du jour, ce sont les placards
créés en vue de l'événement lui-même, allégories ou grandes

compositions historiques, les programmes allant de l'in-
folio au format de poche, tous prétendant être le seul
officiel, les cartes postales commémoratives, les enveloppes
timbrées et le timbre — cette dernière création restée
à l'état d'unité — les chromolithographies représentant
l'entrée du tsar dans Paris, huit jours avant son arrivée;
l'une d'elles montre un Tsar vert à gants blancs, façon Guignol, avec, à ses côtés, un général qui voudrait être russe et,
vis-à-vis, un mannequin noir écharpé de rouge qui vise à
représenter le président, les trois personnages étant dans
un véhicule étrange, conduit par un postillon bleu. Ajoutez,
pour compléter le tableau, une escorte de cuirassiers frai-
chement vernis, des rangées d'arbres verts prêts à être
mis en salade et un Arc de triomphe d'un jaune fulgurant.

Une autre, plus étrange encore, représente l'empereur
en général français — un général qui doit être proche
parent de Boulanger — passant en revue l'armée française,
sur l'esplanade des Invalides !!

Les portraits ! c'est une vraie galerie et d'un catalogue
quelque peu ardu déjà : portraits du Tsar et de la Tsarine, de
tous formats, de tous genres. Avant tout, le triomphe de la
photographie.

Les voici toutes là, étalées derrière les vitrines de la rue
de Rivoli, les photographies de l'Empereur et de l'Impératrice, dans les poses familières à tous les yeux : l'Empereur
seul, l'Impératrice seule, puis le groupe, répété en plusieurs poses, de l'Empereur, de l'Impératrice et de la petite
grande-duchesse, toutes venant de Saint-Pétersbourg et sortant des ateliers des deux photographes officiels de la Cour.

Après la photographie, la simili-photographie sur papier,
carton, étoffe, fer-blanc, les gravures sur bois, les litho-
graphies, les photogravures en noir ou en couleur, les
phototypies, les chromos, si brillants qu'on pourrait se mi-

rer en eux, comme dans une glace. Les unes carrées, les autres ovales. Sans oublier les portraits placés en face l'un de l'autre dans un calepin-souvenir, et les portraits accompagnés de la figuration d'événements, et les portraits aux beaux cadres de carton gaufré, à chevalet, pour tables ou cheminées, décoration à l'usage des petites gens venant en droite ligne d'Allemagne. Pour tous les goûts et pour toutes les bourses ! Sans compter les portraits des journaux au premier rang desquels brillent, admirablement gravés par Thiriat, les groupes publiés dans *l'Illustration*.

Et, pour terminer, le petit coin de la fantaisie : les portraits se modifiant par transparence, les portraits plissés accordéon comme des étoffes, invention d'un artisan parisien permettant de voir, suivant l'inclinaison, le Tsar ou la Tsarine et l'inévitable portrait en lignes d'écriture, bien moins amusant depuis que l'objectif photographique est venu remplacer les traits de plume à fioriture de l'ancien maitre d'écriture.

Les bibelots ! On pourra les voir défiler ici par l'image. Disons quelques mots seulement des questions, des pantins de carton, à ficelle ou à truc quelconque, car ils ont un passé glorieux, les pantins ; quelques-uns mêmes, ces dernières années, durent le jour à des personnages connus : tels, sans remonter plus haut, le *Qu'est-ce que ça dit ?* dont l'ombre projetée donnait Sadi-Carnot, trouvé par le compositeur de musique William Salabert, et le *Carnot saluant la foule*, au retour de Longchamps, machiné par l'un des fils de Rochefort.

Eh bien ! un des pantins à la mode, la *poignée de main* — que se donnent le Tsar et M. Félix Faure — a continué ces traditions. Je vous présente son inventeur, un artiste peintre, M. C. Calderon, un peintre de marine même, paraît-il, revenu sur terre ferme pour la circonstance.

Combien d'autres bibelots, combien d'autres questions, combien d'autres amusettes ?

Cinématographe automobile, équilibre européen, passage sous l'Arc de triomphe, pensée franco-russe; j'en passe bien certainement, ne voulant pas me perdre dans les anneaux de l'Alliance ni dans les petits carrés qui, alignés, doivent donner : *France-Russie.*

Voici la *bague moscovite,* la *bague de la nouvelle alliance* destinée à célébrer, sous une forme populaire, les fiançailles franco-russes; voici le thermomètre franco-russe, la boîte à sel lumineuse, les petites lanternes à portraits. Que sais-je encore !

Et maintenant, entrons dans le domaine de l'industrie elle-même. Ici les objets abondent; ici le Tsar apparaît sous toutes les formes. On n'a pas à se demander : «sera-t-il Dieu, table ou cuvette ? » il est tout ce que l'industrie a bien voulu faire de lui : couteau de table, savon, boîte à bonbons, porte-monnaie, verre, carafon, presse-papier, épingle, broche, bouton de manchette, éventail, abat-jour, assiette, porte-bouquet, cendrier, blague à tabac, dessus de boîtes d'allumettes, fume-cigarette, tapis de table, rideau même, enfin poupée et jouet mécanique, ce qui n'est pas un des moindres honneurs.

En un mot, l'homme du jour, celui que l'on veut avoir, populariser à l'infini, celui qui restera la marque ineffaçable de tous les objets fabriqués durant la période russe. A moins toutefois, que ce ne soient, en son lieu et place, les armoiries impériales, l'aigle à double tête, ou simplement les couleurs russes.

Et c'est ainsi qu'après tant d'autres, le Tsar vient prendre place sur les multiples objets qui constituent ce qu'on appelle l'article de Paris, domaine immense dont les frontières s'étendent à l'infini.

Jadis, c'était par l'image seule que se faisait la propagande des hommes et des choses; aujourd'hui, pas un événement ne se produit, pas une individualité ne surgit sans qu'aussitôt le bibelot ne s'en empare pour les accommoder à toutes sauces.

L'accaparement, par le commerce, des faits et des personnages du jour; en un mot la chose la plus typique de notre époque, car si la publicité, sous cette forme, existait déjà avant 1789, elle n'avait pas encore pris l'importance que lui donna la Révolution.

Le commerce battant monnaie avec la célébrité, avec la gloire. L'industrie transformant les souverains en objets d'utilité usuelle, si bien que, pour être sacré grand homme, il faut avoir été, au moins une fois en sa vie, pipe ou pain d'épice.

Sur des savons s'étale l'image de l'*Ami de la France*. *Qui aime bien savonne bien !* pourra dire quelque jour la sagesse des nations.

Sur des mouchoirs se trouve l'histoire de l'alliance russe en vignettes et en portraits. *Qui aime bien, sur vous se mouche bien*, devra encore ajouter la même sagesse.

Toutefois, ce n'est pas le souverain seulement que représentent ces objets, ce n'est pas la gloire, ce n'est pas le portrait d'un homme uniquement qu'ils popularisent ; l'alliance franco-russe, elle aussi, y figure bien pour quelque chose. Et alors ce sont des allégories, des vignettes emblématiques, des mains qui s'étreignent, entourées de faisceaux de drapeaux, avec les mots : *Union*, *Alliance*, ou la devise latine *Pax*, puis des légendes à n'en plus finir : *Entente cordiale, Bienvenue, la France à la Russie, les nations sœurs*.

Les devises expliquent les portraits. Si tous les objets du jour reproduisent à l'envi les traits de Nicolas II, c'est parce qu'il représente la paix, la concorde, parce qu'il est, comme l'expliquent naïvement certaines legendes, *l'Ami de la France*.

12.

Sou

OC

1

LES PORTR

M. Félix Faure, Président de la République Fra

CONTENANT 12

Le texte écrit à la mair

Dépôt chez l'auteur, J. SOFER, 73, rue de

PRIX : 50 CENTIMES.

CRITS DE

et de S. M. Nicolas II, Empereur de Russie

0 LETTRES

à la tempe droite

Boulevard Saint-Michel, 3, Paris

Tel est, dans son ensemble, ce musée où, du petit au grand, du premier au dernier, tout chante la gloire du souverain, tout célèbre les bienfaits de l'union.

Et maintenant, faisons défiler devant vous les multiples objets qui le composent, qu'il s'agisse d'images ou de bibelots, tout en donnant, quand besoin sera, quelques courtes notices pour en mieux expliquer la portée.

Boîte à sel lumineuse.

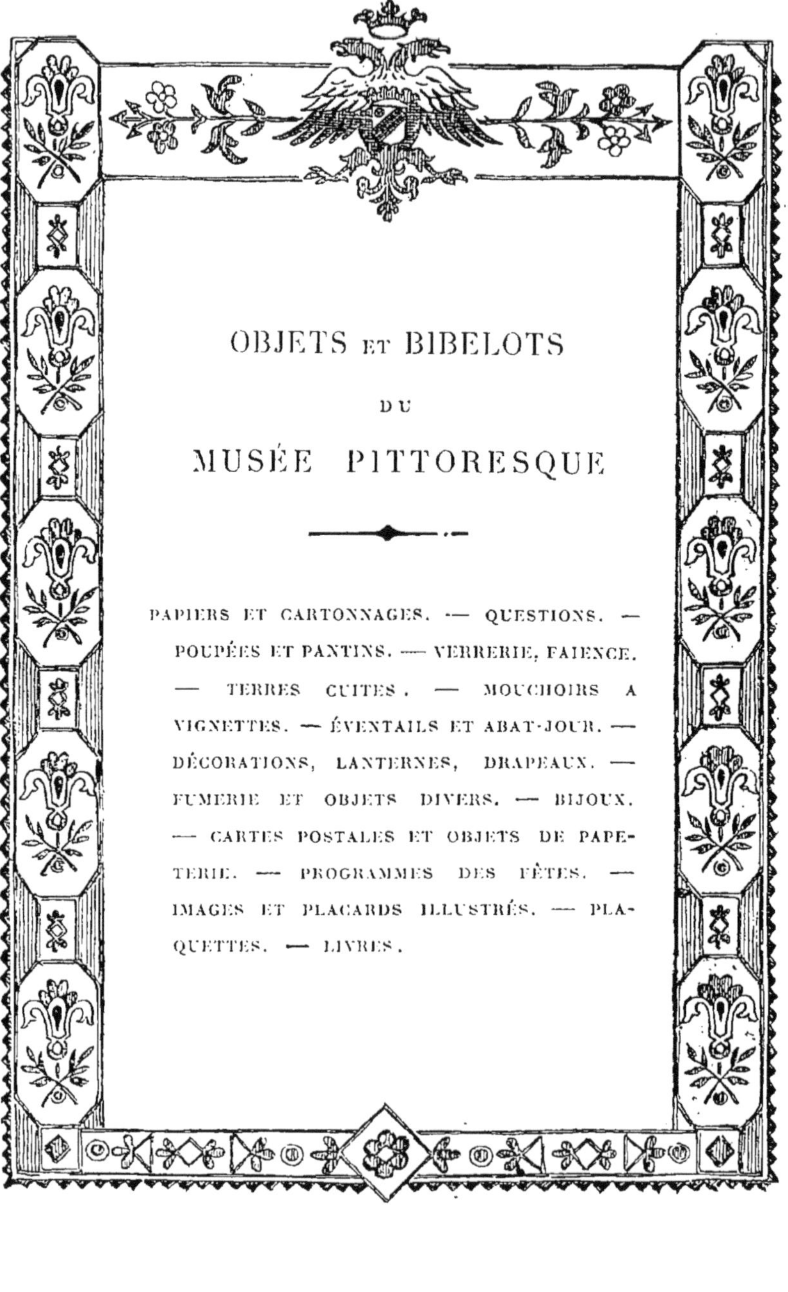

OBJETS et BIBELOTS

DU

MUSÉE PITTORESQUE

PAPIERS ET CARTONNAGES. — QUESTIONS. — POUPÉES ET PANTINS. — VERRERIE, FAIENCE. — TERRES CUITES. — MOUCHOIRS A VIGNETTES. — ÉVENTAILS ET ABAT-JOUR. — DÉCORATIONS, LANTERNES, DRAPEAUX. — FUMERIE ET OBJETS DIVERS. — BIJOUX. — CARTES POSTALES ET OBJETS DE PAPETERIE. — PROGRAMMES DES FÊTES. — IMAGES ET PLACARDS ILLUSTRÉS. — PLAQUETTES. — LIVRES.

I. LES PAPIERS ET LES CARTONNAGES

Le papier, il a voulu être de la fête, et le tout premier encore; il s'est enguirlandé, orné, mis aux couleurs, papier à lettre et papier d'impression.

D'abord, les papiers à lettre, les uns se distinguant par des vignettes de circonstance, les autres se contentant, simples papiers blancs, de venir prendre place dans des boîtes à dessin et titres spéciaux.

En premier, les cartonnages.

Le *Courrier du Czar*, courrier de cabinet qui galope sur une grande route, au poteau indicateur « Paris-Versailles »; papier *Grande-Duchesse Olga*; papier *Moscou*; papier *Bienvenus*, une simple légende placée au-dessous des portraits du Tsar et de la Tsarine; *Correspondance russe*, boîte jaune avec aigles; *le Czar Nicolas II et la Czarine. Paris 1896*, avec, sur les côtés, vues de Toulon et de Cherbourg. Sur les bandes des enveloppes, on lit : *Souvenir franco-russe.* Enfin, autre boîte jaune, sans titre, elle, avec un mauvais portrait de Nicolas II.

L'APOTHÉOSE, IMAGE A COULISSE

Puis, les papiers eux-mêmes.

Voici le papier jaune avec liséré blanc, aigle russe dans le fond, en guise de filigrane.

Voici le *Papier de l'Alliance* avec filets aux couleurs de deux nations.

Voici le papier *France-Russie* avec vignettes se rapportant au sacre et au séjour du Tsar en France. La plus amusante représente l'Empereur ayant à ses côtés le Président de la République à *cheval*. Sur la boîte, un encadrement-omnibus, faisceaux de drapeaux et d'ornements de circonstance ; au milieu, sujets d'actualité variant.

Voici le papier orné de drapeaux entrelacés aux couleurs des deux nations ; voici le *Papier cuir de Russie*, avec un Cosaque, sur la boîte ; voici le papier aux myosotis-souvenirs ; puis, encore, les papiers de grand luxe, à l'aigle impériale dorée, gravée en relief, et aux violettes du Tsar.

Dans une semaine *russe*, alors que tout était à *la russe*, pour rester *très russe* il fallait bien pouvoir imprimer les affiches sur papier aux couleurs *russes*. D'où les papiers jaunes, au milieu, une aigle se détachant en demi-teinte, dans des encadrements à bandes tricolores ou à motifs, avec feuilles de laurier, rappelant les papiers peints de la Révolution.

Circulaires, invitations, affiches, il y a eu dans ce domaine toute une série d'imprimés.

Après la boîte à papier, la boîte à bonbons.

Ici même chose ; tantôt le contenant, tantôt le contenu : *russerie* pour les sujets, pour les images, pour la forme extérieure des cartonnages, pour l'imitation des objets, *russerie* pour le contenu.

Des traîneaux enrubannés, des troïka aux chevaux fringants, des cloches moscovites, des sacs écussonnés aux riches armoiries se détachant sur fond jaune, des boîtes laquées avec sujets empruntés aux particularités de la vie russe, costumes, danses, cérémonies, des théories d'enfants ou de jeunes filles à la russe, prises comme images pour des boîtes de chocolat, des poupées mignonnettes faisant défiler tous les pittoresques costumes de l'empire des tsars, des boîtes fermées, cachetées, scellées de façon aussi solennelle qu'un traité d'alliance, et toutes les coiffures de l'armée russe, étant donné que les chapeaux ont été, de tout temps, la boîte à bonbons idéale.

Boîtes de papier à lettre, boîtes à bonbons !

La correspondance et la gourmandise, tout cela a sacrifié à l'épidémie russe, comme les cartes, comme les petits albums, comme toutes les autres particularités qui vont défiler ici, s'expliquant d'elles-mêmes.

Lorsqu'il développait sa belle théorie de l'éducation par les objets, Frœbel, notre maître à tous, ne se figurait pas que, un siècle après, on verrait triompher l'actualité par les objets.

Et ils parlent, et ils vivent, les objets, et ils intéressent et ils captivent plus que ne le feront ces notes, l'écrivain n'apparaissant que pour cataloguer, classer ce qui demande à être groupé.

Encore une fois, images, c'est vous qui allez triompher !

Menu dessiné par Willette.

Boîtes de papier à lettre et plumier.
(Courrier du Czar, Violettes du Czar, France et Russie, etc...)

Boîtes à bonbons franco-russes. (Cartonnage et fer-blanc.)
La petite boîte en forme d'œuf est pondue par les poules-distributeurs.

Couvertures (recto et verso) des deux petits albums se dépliant et reproduisant, en une série de 50 planches coloriées, les costumes de l'infanterie et de la cavalerie russes.

Album se dépliant et représentant, sous forme de cartes, les costumes des armées russe et française. Ces cartes ont été également découpées et vendues dans une enveloppe-pochette.

Question du Jour. — Faites tourner la Machine

Léon HAYARD. Editeur 146, rue Montmartre. PARIS

Question populaire sur papier : le Tsar et Félix Faure.

Qui n'a pas son Automobile !!

Autriche

Angleterre

Allemagne

France

Voyage du Tsar en Europe

A la vitre du milieu une roue faisant circuler les personnages. Reproduction de la réclame affichée rue du Croissant, à la porte du vendeur J. Strauss.

13.

FEUILLE VOLANTE COLORIÉE

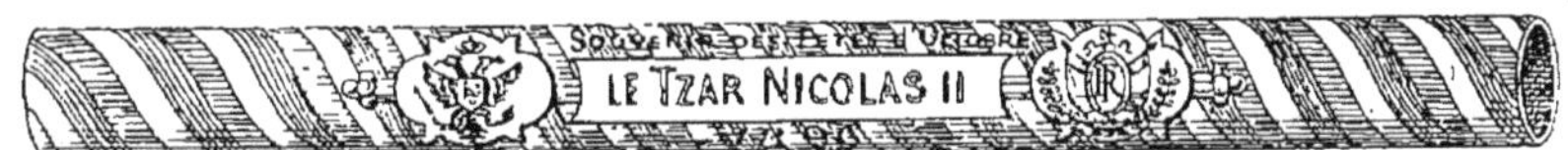

ROULEAU EN CARTON, A RAYURES TRICOLORES
Contenant à l'intérieur un portrait en chromo du Tsar.

PORTRAITS PLISSÉS

Le même peut donner les deux portraits
selon la façon dont on le regarde : en le
mettant en biais, à droite, on voit le Tsar,
et à gauche la Tsarine.

CALEPIN-SOUVENIR

Ayant à l'intérieur le portrait des souverains russes.

IMAGERIE POPULAIRE en forme de tryptique, imprimée en couleur sur carton, et destinée à être posée sur les tables.

PANORAMA en carton s'ouvrant comme un accordéon : sur la face extérieure se trouve une ouverture au travers de laquelle on voit le défilé du Tsar dans les Champs-Elysées.

IMAGES ANIMÉES ET QUESTIONS RELATIVES AU TSAR

1. La Confidence. — 2. La Poignée de main. — 3. — La Cloche du Kremlin. — 4. Faire passer le Tsar sous l'Arc de triomphe.

POUPÉES ET PANTINS

La période boulangiste n'a pas eu, à proprement parler, de jouets d'enfants ; plus heureuse, la période russe a donné naissance à un nombre considérable de poupées : poupées de toutes grandeurs, de tous genres et de tous prix, les unes camelotées dans les rues, les autres faisant leurs belles madames où leurs beaux messieurs à la vitrine de ces boutiques qui, quelle que soit leur enseigne, sont bien toutes, véritablement, le paradis des enfants.

D'abord les pantins fabriqués au

POUPÉE DE LUXE REPRÉSENTANT LE TSAR EN COSTUME D'APPARAT. — POUPÉES MIGNONNETTES EN COSTUMES RUSSES.

Marais et au Temple, pantins à vingt-neuf sous accrochés à la porte des bazars ou colportés dehors.

Ici une poupée à roulettes se poussant au moyen d'un bâton, ayant la prétention de représenter l'Empereur, annoncée, du reste, comme telle : *Demandez Nicolas à Paris. — L'arrivée du Tsar à Paris. — Le Tsar saluant la population parisienne. —*

Demandez le Tsar faisant son entrée sans escorte, sans tambour et sans trompette, sans protocole. et autres variations et fantaisies du même genre suivant l'entrain, suivant la disposition d'esprit du vendeur, suivant le plus ou moins d'em-

POUPÉES DE LUXE REPRÉSENTANT LA TSARINE EN COSTUME D'APPARAT ET LA GRANDE-DUCHESSE OLGA DANS LES BRAS DE SA NOURRICE.

pressement du public à se laisser allumer. Là, un affreux pantin à queue de singe suspendu à des ficelles, esquissant une révérence chaque fois que l'on agite lesdites ficelles, goguenardement offert au public sous la forme suivante : *Qui n'a pas son Russe ? Qui veut son petit Russe ?*

Puis les Russes à vélocipède, hommes ou femmes, — femmes en costume national, avec le chapeau-diadème et la robe traînant sur la machine, telle une mariée ; bien mieux, le Russe et le Français, chacun sur sa machine, se donnant la main. Décidément la reine Bicyclette doit être considérée comme instrument d'union, d'alliance, non seulement entre sexes différents, mais encore entre peuples: Autrefois, dans les hippodromes, c'était entre conducteurs de chars romains qu'on se donnait la main ; désormais, ce sera à bicyclette et entre bicyclettistes que se cimentera l'alliance des nations.

Maintenant les jouets de luxe, les jouets destinés à perpétuer parmi les enfants de riches, de façon peut-être encore plus durable, le souvenir des journées d'octobre, de la visite des souverains russes.

Qu'il soit à pied ou à cheval, grand ou petit, le Tsar est en bel uniforme. Exactitude du costume, ressemblance de la physionomie, tout a été cherché avec soin. Poupées luxueuses, poupées historiques, en quelque sorte, véritables mannequins dignes de figurer dans des collections particulières ou dans des musées. Il y a, notamment, un Tsar à cheval d'une grandeur peu commune qui aura fait les délices de quelques petits privilégiés.

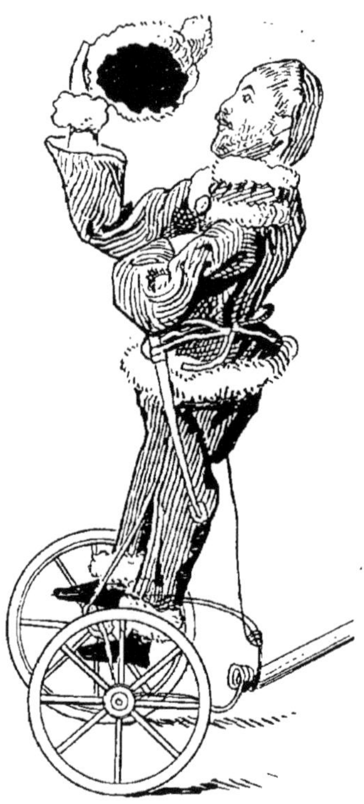

JOUET POPULAIRE.

Poussé à l'aide d'un bâton. A chaque mouvement de roue, la poupée, sensée représenter le Tsar, salue la population.

A l'opposé, voici les petites poupées-bijou, les mignonnettes, les Kate Greenaway minuscules, rangées — c'est le cas de le dire — par ordre de grandeur, par rang de taille. Des petits moujiks bien astiqués, aux gestes de marquis Louis XV, des petites Finlandaises bien pimpantes et — triomphe du jouet — le Tsar et la Tsarine en costume d'apparat avec, pour rester dans l'esprit familial des groupes photographiques, la petite Olga et sa nourrice.

Poupée de taille moyenne représentant le Tsar. — Boîte à bonbons sur laquelle est placée une mignonnette en costume russe ; on la fait saluer en tirant le buste par en bas. — Le Tsar à cheval, petite poupée articulée.

Toute, la famille impériale en
poupées, entourée — telle une
composition de Boutet de Mon-
vel en action — de mignonnettes
de tous genres, raides en leur
porcelaine ou gentiment arti-
culées, servant même, quelquefois, de boîtes à bonbons...
pastilles serait plus exact. Et
quels bonbons ! Russes, naturellement, eux aussi, je veux
dire décorés d'appellations russes.

Le pantin russe, bibelot de
camelotage, a occupé les rues
en ces journées d'octobre : la poupée russe, poupée élégante et de
haut prix, sera le grand succès
du jour de l'an 1897.

Jouets populaires fabriqués à l'occasion de la visite du Tsar.

VERRERIE, FAÏENCES, TERRES CUITES

L'imagerie sur verre et sur faïence a été, de tout temps, une
des formes les plus employées de la réclame politique. En 1893,
on avait eu les assiettes de Cronstadt ; les assiettes, les verres

Porte-bouquets en biscuit doré représentant le Tsar et la Tsarine en costume
d'apparat. Vase et cendrier de porcelaine blanche, avec portraits peints du Tsar.

et les bustes du Tsar à propos de la visite récente des souverains
russes étaient tout indiqués, et ce sont des œuvres intéressantes
quoique devant être rangées, pour la plupart, dans la catégorie
des productions populaires.

Disons également, à ce sujet, qu'il ne faut point confondre les
œuvres créées spécialement en vue de l'événement dont on veut
perpétuer le souvenir, donc fabriquées en nombre d'après une

maquette, et les porcelaines décorées pour la circonstance de portraits, de sujets, de vues se rapportant audit événement. On saisira d'emblée la différence sans qu'il soit nécessaire d'insister autrement.

Assiette populaire en faïence, avec sujets imprimés en deux couleurs, rappelant les origines de l'alliance franco-russe.

Dans ce domaine, une simple énumération suffira.

1º Assiette avec portraits, réunis ou séparés, du Tsar et de la Tsarine, provenant de la manufacture de Sarreguemines.

2° Terre cuite avec portraits de Félix Faure et de Nicolas II. La même avait été éditée en 1893, avec les portraits d'Alexan-

Terre cuite colorée, en demi-relief, avec les portraits des deux chefs de l'État se détachant sur des drapeaux à franges dorées aux couleurs de la France et de la Russie.

dre III et de Carnot, des amiraux Avellan et Gervais. Tous les objets de cette espèce créés et mis en vente par l'industrie ver-

VERRERIE ET FAÏENCE

Dans le fond, assiette en faïence : les portraits des Souverains sont en bleu et le décor en marron. — Carafon verre bleu, avec portraits émaillés. — Verre avec portrait et ornement gravés. Dans le fond verres blancs avec portraits émaillés. Sur le devant, rière et céramique se trouvent reproduits **ici**, ou **détaillés** dans les légendes qui accompagnent les pièces. Signalons simplement deux carafons en verre blanc, ayant un peu plus la forme de bouteilles et ornés des portraits du Tsar et de la Tsarine, destinés à accompagner les verres blancs qui figurent sur la planche de verrerie.

3° Porcelaines décorées de portraits du Tsar. Il serait assez difficile d'en donner une nomenclature, cette fabrication dépendant absolument du succès rencontré auprès du public et rentrant, en somme, dans la décoration de circonstance à l'usage de ceux qui vivent de l'actualité et ne manquent aucune occasion de la saisir dans tous les domaines.

Il en est, à ce point de vue, des porcelaines comme des objets de fumerie, comme de tous les bibelots de surface unie appelant l'ornementation et pouvant être décorés des emblèmes, des chiffres, des écussons ou des personnages les plus différents, suivant les idées ou les hommes du jour.

SERVICE DE FUMEUR

Groupe en faïence coloriée : Russe offrant son cœur à une Alsacienne. Il existe un autre type avec une Bretonne.

MOUCHOIRS A VIGNETTES

Les impressions sur toile et sur soie ont toujours été fort goû-
tées sous la forme du mouchoir, pour perpétuer dans les masses
le souvenir des grands faits, des grands hommes et des fêtes populaires. Depuis la Révolution, c'est devenu une des branches

MOUCHOIRS A FOND BLANC ET POCHETTE EN SOIE JAUNE
AVEC ORNEMENTS ET SUJETS IMPRIMÉS EN COULEUR

importantes de l'imagerie populaire française. Portraits de Napoléon Ier et de Louis-Philippe, colonne Vendôme, batailles du
premier Empire, on y trouve tout cela, comme on verra, plus tard,
des Prince-président à cheval, des batailles d'Inkermann, Napoléon III et l'impératrice Eugénie, ou encore les membres du Gouvernement provisoire de 1870.

Voici la liste des mouchoirs, avec motifs imprimés ou tissés, publiés à l'occasion du Tsar.

1° Mouchoir ourlé à jour, avec chaînes entrelacées courant tout le long de la bordure, aux couleurs franco-russes, symbole de l'alliance. Même chaîne plus petite, répétée à l'intérieur, avec drapeaux et ancre aux quatre coins.

2° Mouchoir ourlé à jour, bordure rouge et jaune, aigle impériale russe au coin.

3° Mouchoir ourlé à jour, bordure avec écussons aux couleurs françaises et russes. Comme vignette, drapeaux russe et français entrelacés, avec le nom Nicolas II, dans une couronne de laurier, et la date 1896.

4° Mouchoir ayant, au milieu, le portrait de Nicolas II avec les mots : *Souvenir de sa visite en France* courant sur une banderole. Autour, en bordure, quatre motifs reliés entre eux par des feuillages et des faisceaux de drapeaux, fantassin de la garde russe et clairon de zouave. En haut la mention : *A notre allié Nicolas II.*

Ce mouchoir a été imprimé en plusieurs couleurs, bleu, violet, vert.

5° Mouchoir avec encadrement carré. Aux quatre coins, l'aigle russe ; sur les côtés, portrait du Tsar et de la Tsarine dans des médaillons surmontés de la couronne impériale. En haut, le Palais d'hiver à Saint-Pétersbourg ; en bas, le Kremlin à Moscou. Sur des banderoles, en haut et en bas : *Souvenir du voyage du Tsar et de la Tsarine en France.— Cronstadt, 1891. — Paris, 1896. — Toulon, 1893.*

Ce mouchoir a été également imprimé en plusieurs couleurs, rouge, bleu, violet.

6° Pochette en soie, fabrique de Lyon. Au milieu, vues du Kremlin et des Champs-Élysées. Entourage d'ornements ayant aux quatre coins, dans des écussons, les portraits de Nicolas II et de Félix Faure, d'Alexandre III et de Carnot. Sur les côtés, debout un cuirassier et un chevalier-garde. En haut et en bas, au milieu, entre les écussons, des faisceaux de drapeaux entourés des éter-

nelles mains entrelacées et des pensées revenues plus que jamais
la fleur à la mode.

Cette pochette a été imprimée en plusieurs couleurs.

MOUCHOIR AVEC DRAPEAUX IMPRIMÉS EN COULEURS SUR FOND
GRISAILLE, IMITANT LES FONDS DES PAPIERS PEINTS.

7° Pochette en soie, fabrique de Lyon, dans le genre de celle
déjà fabriquée en 1893. Aigle impériale russe sur fond jaune : en
bordure, pavillons de marine franco-russes. Au milieu de chaque
bande un écusson avec les dates : Cronstadt, 1891 — Toulon, 1893
— Paris, 1896.

8° Mouchoirs avec drapeaux entrelacés et dates, motifs brodés.

Ces mouchoirs qui avaient déjà fait leur apparition pour les fêtes de Toulon, se sont fabriqués et vendus à nouveau durant les journées d'octobre.

Disons du reste, à ce propos, que nombre de mouchoirs fabriqués en 1893 et dont il était resté des stocks en magasin ont été pour la circonstance remis en vente avec l'addition, sur les côtés ou à une place quelconque, de la date nouvelle.

Ils n'ont donc point à figurer dans la présente nomenclature : il suffisait de signaler le trucage.

Après le mouchoir proprement dit, le carré d'étoffe en forme de mouchoir entièrement décoré, reproduction précise d'une maquette peinte : tel le mouchoir donnant tous les drapeaux arborés à l'occasion des fêtes, telles les bandes d'étoffes aux couleurs et armoiries franco-russes, formant des enguirlandements ou des motifs de draperies; types plus ou moins identiques, ne variant que par un point quelconque du décor.

9° Mouchoir festonné rouge, avec drapeau et armoiries à un coin.

ÉVENTAILS ET ABAT-JOUR

Si les éventails et abat-jour tiennent une grande place dans l'imagerie d'actualité ; ce sont surtout les objets bon marché qui suivent la mode dans ses manifestations de l'ordre politique ou social. Les souvenirs des événements historiques, les portraits des grands hommes, les vues d'ensemble des expositions se trouvent principalement sur les feuilles destinées au populaire, qu'il s'agisse du cache-pudeur ou du cache-lumière.

Exceptionnellement, on peut le dire, la visite des souverains russes a donné naissance à des objets d'un prix plutôt élevé à tel

Éventail de luxe avec monture en ébène constellée de paillettes, aux couleurs des deux pays, le panache portant, sculptés, l'aigle russe couronnée et l'écusson de là République française. Feuille de gaze noire aux armes de Russie rehaussées d'or et aux initiales de la R. F. Tout autour, encadrement de paillettes aux couleurs des deux drapeaux.

Éventail de luxe en nacre noire, portant, sculptée et incrustée d'or, la double aigle couronnée. Sur la feuille, en gaze noire, les armes de Russie dans un écusson d'or et les initiales R. F. entourées de palmes. Tout autour, semis de paillettes tricolores.

Éventail de luxe à monture en os, gravée et pailletée, avec feuille de gaze blanche bordée de paillettes tricolores, armes russes brodées en paillettes d'or.

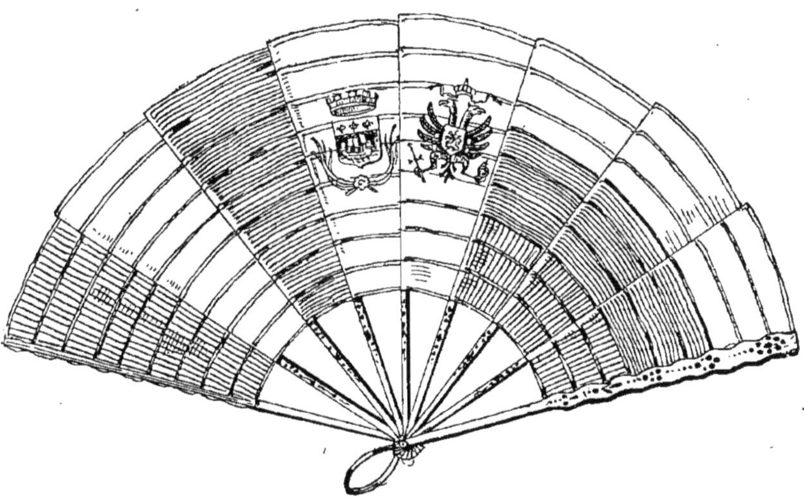

Éventail en ruban, aux armes de la ville de Paris et du Tsar, et aux couleurs franco-russes. Les lamelles reliées deux à deux étant de couleurs différentes, suivant la façon dont on ouvre l'éventail, elles se séparent comme si l'éventail était composé de plusieurs morceaux.

Dessins de l'abat-jour franco-russe fabriqué par Mme Grimaldi. L'éventail a les mêmes portraits et les mêmes écussons: seuls les types militaires diffèrent. La bordure est tricolore.

Au recto de l'éventail se trouve, imprimé en vert sur papier rose, l'hymne franco-russe, paroles de Arsène Ravry, musique de A. Grimaldi et dont voici un couplet :

Plus de secrets, car notre belle France
Aux yeux de tous te traite en grande sœur,
Et pour fêter cette franche alliance,
Du peuple en joie entends-tu la clameur.
Dans nos palais, dans nos humbles chaumières,
Ton étendard près du nôtre a flotté.
En se donnant, ces deux saintes bannières,
    L'accolade de la fraternité.
    Reçois Russie, terre chérie,
    Les serments de notre Patrie.
Que tes fils valeureux et nos fils glorieux
    Répètent radieux :
    Vive la France et la Russie !

15

point que l'éventail en papier, le vulgaire éventail-imagerie, si nombreux sous Louis XVI, et à l'époque de la Révolution, ne se trouve représenté à notre connaissance que par un seul spécimen. Et il ne paraît pas avoir fait florès.

C'est donc, d'une part, l'éventail en rubans, les lamelles étant arrangées, au point de vue des couleurs, de façon à former le drapeau français et le drapeau russe ; sur les uns, au milieu, l'aigle russe seulement ; sur les autres le armoiries impériales russes et les armoiries de la ville de Paris accotées.

D'autre part, les éventails avec portraits des souverains et ornements décoratifs peints sur soie, et les éventails en gaze noire et blanche, avec paillettes et motifs divers, aux riches montures, éventails de luxe, et ce sont ceux ici reproduits.

Après l'éventail, l'abat-jour, et là, même chose. Une pièce populaire, une série de grands et petits abat-jour avec vues, portraits ou sujets divers peints à la main. Des tsars et des tsarines, en costume officiel et en costume russe, des reproductions d'images anciennes du temps de Pierre le Grand ou de Catherine II ; tout cela sur parchemin, destiné à être vu à la lueur des bougies, tandis que, pour conclure sans doute définitivement l'alliance franco-russe, un grand abat-jour à lampe montre, entouré de drapeaux russes et ayant, en face de lui, le tsar Nicolas II, un Napoléon Ier qui ne s'attendait certes pas à pareille conclusion.

L'abat-jour de la réconciliation ! ou, si l'on préfère, la réconciliation du passé par les images du présent, ce qui ne nuit à personne, ne change assurément pas l'Histoire et fait le bonheur de ceux qui aiment ainsi à rapprocher les ennemis d'autrefois.

Ce sont ici les décorations, les ornements, les lanternes, les drapeaux, les pavillons, la guirlande marine autrement appelée les chaînes « de l'alliance » qui, huit jours durant, donnèrent aux rues de nos villes un aspect si particulièrement pittoresque — un séchage de mouchoirs en plein vent — et les mâts enguirlandés, et les fleurs en papier, moyen heureux entre tous, de garnir artificiellement ce que la nature avait dégarni. Une mine pour le papier, depuis le carton découpé, depuis les portraits en médaillon et les ornements de toutes sortes — tels ces coqs et ces aigles accompagnés de lanternes et de lampions destinés au décor personnel des individus, de même façon que les objets eux-mêmes décoraient les maisons — jusqu'aux drapeaux français et russe en papier de soie, les uns avec le portrait du Président de la République, les autres avec les portraits du Tsar et de la Tsarine, jusqu'aux petits drapeaux jaunes lilliputiens qui, poussant à l'extrême l'amour du décor, venaient, en ces jours de fêtes, se planter sur les plats montés et sur les gâteaux.

La *Revue Horticole*, en un très intéressant et très curieux article (n° du 16 octobre), ne nous apprend-elle pas que cet amour du décor s'étendit jusqu'aux fruits ? C'est à un marchand des Halles que l'on doit les fruits marqués à l'aigle impériale russe de la façon suivante : « Découpées dans un papier d'une fabrication spéciale, les aigles avaient été collées sur certaines pommes, la variété *Grand-Alexandre* en particulier, et sur des pêches, alors que ces fruits n'avaient pas encore mûri, et précisément du côté exposé au soleil, de telle sorte que ces fruits ont rougi en mûrissant, à l'exception, bien entendu, des parties préservées. Une fois les gabarits enlevés, les aigles se sont trouvées figurées en clair sur la pelure du fruit aux endroits où, précisément, le soleil avait le mieux frappé les parties non cachées .»

Et voilà comment apparurent sur la table de l'Élysée des fruits écussonnés, et voilà comment, passant dans le domaine public, ou plutôt se généralisant, la même fantaisie est venue prendre place sur les tables des restaurants à la mode.

Une pomme à l'aigle! Une pêche à l'aigle! Quelque jour sans doute ce cri retentira, strident, dans les établissements à vingt-cinq sols.

Les décorations ! c'est très certainement, en notre République, l'objet le plus recherché du public. N'est-ce pas, du reste, un peu la maladie de toutes les démocraties ? A la décoration officielle on éprouve pour ainsi dire le besoin d'opposer une décoration populaire, nationale, pouvant s'acheter moyennant quelques sols, et permettant à *Populo* d'en être, lui aussi, de la fête. Décorations en papier, en étoffes, en rubans, en fer-blanc, avec ou sans médaille, la plus recherchée étant toujours celle qui se rapproche des *vraies*. Et avec cela *Populo* est heureux, tout en faisant le bonheur de l'article de Paris.

Quelque jour, dans quelques siècles peut-être, on s'amusera à faire l'historique de la décoration sous ses deux formes. Cataloguer, aujourd'hui, les décorations des journées russes publiées par centaines serait fastidieux; mieux vaut les reproduire en leurs modèles les plus typiques.

C'est ce que nous faisons.

Vitrail de couleur destiné à être accroché derrière les carreaux (le même existe avec le Tsar).

15.

SOUVENIR FRANCO-RUSSE

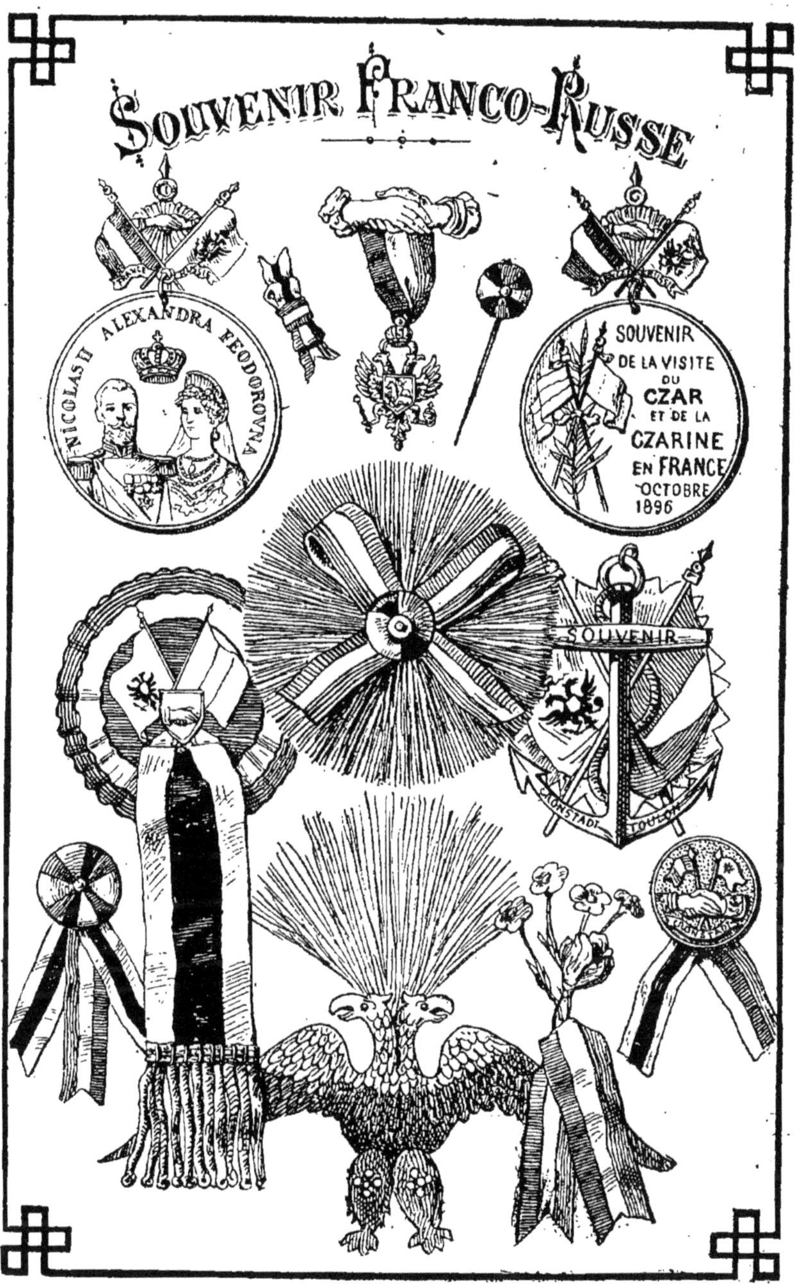

Médailles, cocardes et décorations diverses réunies sur la carte d'échantillons présentée par les maisons de gros aux camelots.

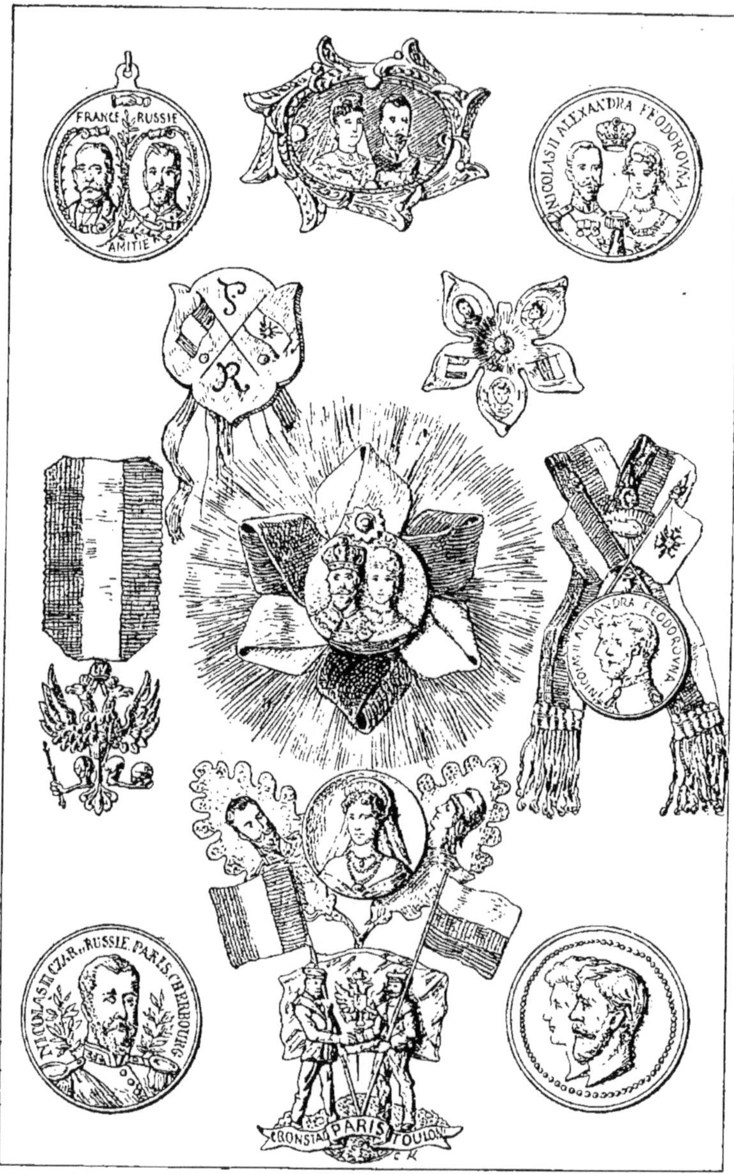

DÉCORATIONS-SOUVENIRS FRANCO-RUSSES.

Médailles et décorations diverses. La figurine du haut, au milieu, est une broche populaire avec portraits des souverains sur gélatine. La violette est en métal. La médaille du coin droit, en bas, a été fabriquée en Amérique.

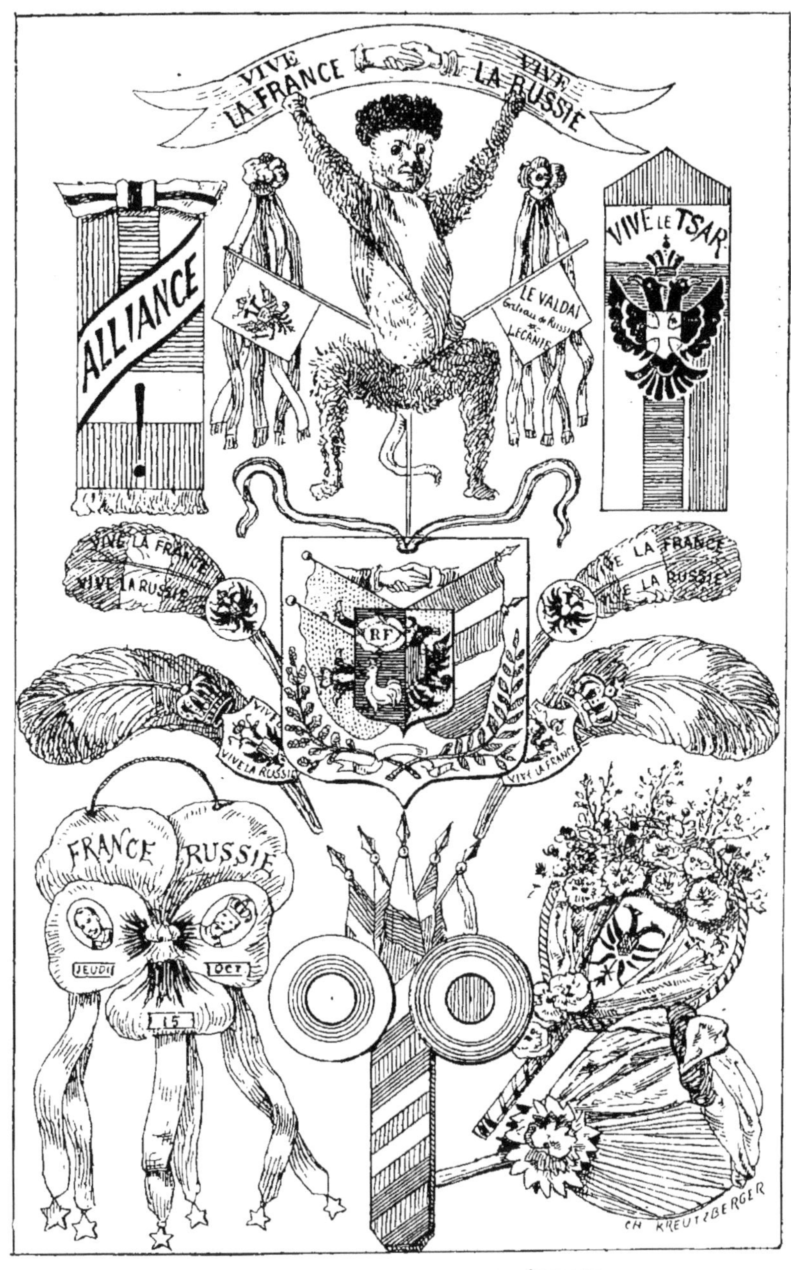

OBJETS DIVERS EN CARTON ET ÉTOFFE.

(Décorations. — Pensée franco-russe. — Écrans.)

CIGARE A BAGUE D'ACTUALITÉ VENANT DE BALE.

FUMERIE ET OBJETS DIVERS

Dans les pays où le monopole du tabac n'existe pas, les cigares, cigarettes et boîtes d'allumettes se couvrent immédiatement d'allusions aux choses du jour et popularisent les portraits des individualités que l'actualité fait surgir. Cela se fabrique sur une grande échelle et d'autant plus facilement que souvent, comme ici, l'objet de par lui-même n'a pas de date. Une bague à un cigare, une inscription au fer sur une boîte, et tout est dit: on a le *franco-russe*.

De même tous les objets de fumeur se sont immédiatement couverts d'armoiries, de portraits, de légendes; seul, le papier à cigarettes a eu les honneurs de cartonnages spéciaux, lui seul pouvant dans sa fabrication, suivre l'actualité.

Des autres objets rien à dire : qu'il s'agisse de couteaux, d'un corset ou même de chaussettes porte-monnaie, ils parleront suffisamment par eux-mêmes.

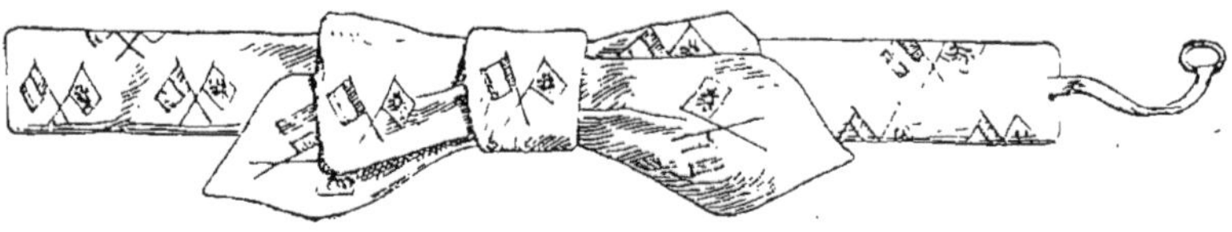

Cravate de percale, imprimée en couleur.

OBJETS DE FUMERIE ET COUTELLERIE.

Cendrier porcelaine avec portrait du tsar peint dessus. — Dessus en métal pour boîte d'allumettes. — Papiers à cigarettes. — Etui à cigarettes, en métal. — Pipe en terre Gambier. — Pipe en bois avec armoiries en métal. — Couteaux en aluminium avec portrait du tsar et soldat russe.

BIJOUX DIVERS FABRIQUÉS A L'OCCASION DE LA VISITE DU TSAR

Boutons de manchette (aux quatre coins de la planche). — Broche. — Bagues dites bagues Jeanne d'Arc sur lesquelles on a placé des petites figurines du Tsar et de la Tsarine. — Broches avec portraits émaillés. — Broche imitation vieil argent. — Broche populaire en métal. — Broche héraldique émaillée. — Épingles de cravates. — Broche ancre. — Broche myosotis. — Breloques.

OBJETS DIVERS

Centimètre avec lentille au travers de laquelle on voit le Tsar et la Tsarine. — Porte-aiguilles en os, forme ombrelle, avec lentille et portraits. — Porte-mine en métal avec portrait du Tsar. — Thermomètre aux couleurs franco-russes. — Pelotes à épingles avec portrait du Tsar (aux versos sont des inscriptions). — Jeu franco-russe, aux lettres rouges et noires, dont la solution s'obtient comme suit : il faut retirer l'E rouge de l'endroit où il se trouve, puis, grâce à cette case vide, opérer le classement des pions dans l'ordre en suivant de droite à gauche FRANCECOSSUR. Une fois les lettres dans cet ordre, on établit le placement définitif en allant cette fois de gauche à droite et en ajoutant au dernier l'E qui manque.

Petite lorgnette breloque en os, avec laquelle on voit le Tsar et la Tsarine. — Porte-aiguilles en drap jaune, en forme de broc, avec ruban aux couleurs françaises et aigle noire. — Presse-papier, en verre, au fond duquel on voit les portraits en couleur du Tsar et de la Tsarine. D'autres, sur tous formats, donnent les portraits photographiques, séparés, des souverains. — Encrier-essuie-plume en forme de cuirasse en métal ; à chaque entournure se trouve un drapeau russe et français : dans l'encolure le récipient destiné à recevoir l'encre est remplacé par un dé à coudre.

Ajoutons à ces multiples objets un amusant spécimen du trucage camelotier, tant il est vrai qu'à notre époque tout doit porter la marque du jour, tout doit sacrifier à l'actualité. Ce sont les étincelles électriques, ces allumettes-amusettes, vendues pour la circonstance, par petits paquets, dans des enveloppes portant la mention : *Jouet franco-russe.*

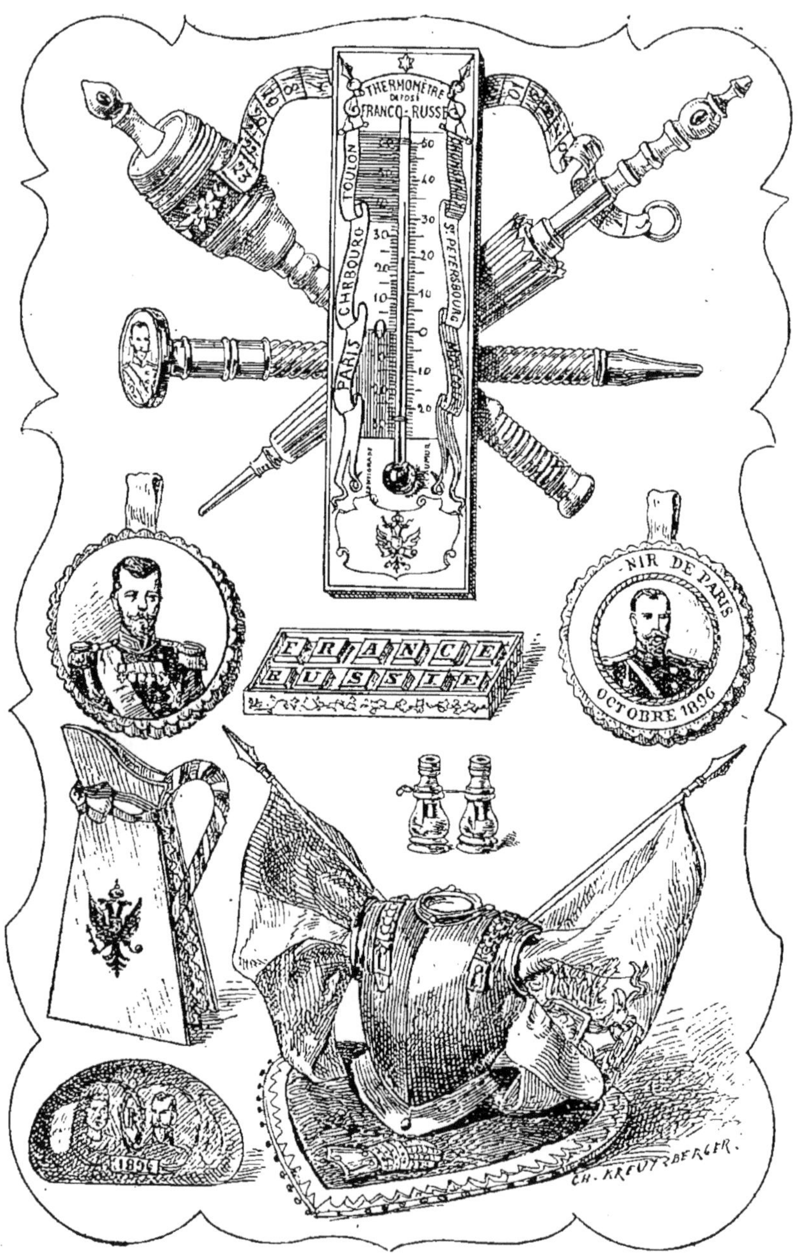

(Voir la légende explicative ci-contre.)

OBJETS DIVERS

Pelote en drap jaune et noir. — Chaussette porte-monnaie en coton, avec aigle en métal. — Ceintures en paillettes aux couleurs franco-russes avec boucles aux armes et aux couleurs françaises. — Corset en satin jaune avec semis d'aigles noirs. — Brassard en soie jaune, avec rubans aux couleurs françaises, et aigle. — Plumes d'oie teintes aux couleurs franco-russes, avec aigle.

CARTES POSTALES

Encore peu employées en France, — elles firent leur apparition pour la première fois, en 1893, à propos de Toulon, puis lors de la mort de Carnot, — les cartes postales commémoratives constituent une collection intéressante pour l'imagerie franco-russe.

En voici la nomenclature :

1º Têtes de Carnot et de Félix Faure, d'Alexandre III et de Nicolas II groupées en médaillons, avec inscriptions sur des banderoles.

Tirée en quatre couleurs : noire, bistre, rose, bleu, violet.

SÉRIE DE CARTES POSTALES PUBLIÉES A L'OCCASION
DU VOYAGE DU TSAR EN FRANCE.

2º Têtes du Tsar et de la Tsarine dans deux cadres reliés par un écusson. Sur le devant, Renommée, une palme en main. Dans le haut, un Amour tenant une banderole : *Souvenir de la visite du Czar et de la Czarine à Paris.*

3º Portraits découpés, d'après des photographies, avec la même mention.

4° Portrait du Tsar, simili-gravure carrée, sur le côté gauche de la carte.

Tirée sur carte bleue de deux nuances

5° Portrait de la Tsarine : même disposition, même couleur de carte.

CARTE POSTALE DESSINÉE PAR MOULIGNIÉ ET TIRÉE
SUR PAPIER DE COULEUR (n° 8.)

6° Têtes du Tsar et de la Tsarine, dans des médaillons ovales, accolés et enfermés dans un cadre rocaille surmonté de la couronne impériale. Sur le haut, Amour tenant une draperie. En bas, aigle impériale. Sujet imprimé en travers et sur feuille collée.

Ce même motif a servi pour menus.

7° Portraits du Tsar et de la Tsarine, dans des médaillons ornés de cadres ; au milieu, M. Félix Faure. Sur le devant, Amour tenant les écussons franco-russes avec les drapeaux des deux pays. Au-dessous : *Souvenir de la visite de L. M. I. le Csar Nicolas II et la Csarine Maria-Féodorowna de Russie à la Nation française*, 1896.

Tirage en couleur gentiment exécuté.

8º Carte postale avec composition du dessinateur Moulignié (reproduite ici).

Tirage sur carte bleue, chamois et violette.

A l'inverse des autres cartes, la vignette de celle-ci est sur le côté de l'adresse.

9º Carte avec portraits du Tsar et de Félix Faure (reproduite ici), inventée par M. Maury, qui avait mis à profit la circonstance pour populariser à nouveau sa thèse si juste du timbreposte figurine et des armoiries de la France avec le coq gaulois.

Il existe de cette carte postale, un tirage gravé, déjà fort rare, avec le faisceau de drapeaux colorié à la main et, dans le cadre du bas, un timbre de 10 centimes.

Le tirage ordinaire, exécuté au moyen d'un report lithographique, se rencontre également sous deux formes : avec timbre et sans timbre.

16.

ENVELOPPE BULLÉ AVEC PORTRAITS ET TIMBRE

Publiée avant l'arrivée dn Tsar. La même existe avec l'Empereur seul. Un autre,
type d'enveloppe, avec armoiries et portraits de grand et petit format, timbrée à 5 et à
15 centimes, a paru à la fin d'octobre.

Ce timbre n'existe qu'en
une seule couleur, bleu.
D'autres sont annoncés
comme devant paraître.

10° Carte postale ordinaire sur laquelle on a tiré des vignettes ; sous le timbre un vieux cliché de la période républicaine, à gauche, l'allégorie habituelle des mains entrelacées au milieu d'un faisceau de drapeaux.

Publiée après le départ des souverains.

11° Cartes postales sur carton blanc, avec sujets en phototypie tirés en vert, et de provenance étrangère, portant la mention : *Souvenir des fêtes franco-russes*. Motifs dans des médaillons ovales avec encadrement rocaille.

1° Le Tsar, la Tsarine et la grande-duchesse Olga.

2° Le Tsar, la Tsarine, le défilé du cortège, la pose de la première pierre du pont Alexandre III.

3° Le cortège passant devant l'Arc de triomphe. La pose de la première pierre du pont L'arrivée à l'hôtel de ville. Devant le tombeau de Napoléon.

CARTES DE VISITE

NICOLAS II
Tsar de Russie
Ami de la France

Les cartes de visite du Tsar (autographe et imprimé). Par transparence. dans la pâte du papier, se voient les drapeaux russes et français, en couleurs.

Idée bien Française

ENVOYONS TOUS NOTRE CARTE

Avec souhaits de bienvenue à

L'AMI DE LA FRANCE

(Autorisation spéciale de la Direction des Postes)

L'Ambassade de Russie fera suivre à Saint-Pétersbourg en cas de retard

La carte d'envoi au Tsar.

L'idée était-elle « bien française », aussi française que l'affirme l'affiche ici reproduite ? on ne saurait le dire, mais ce qui est certain, c'est que quantité de braves gens la mirent en application et envoyèrent leur carte, leurs souhaits de bienvenue au Tsar. La publication de ces cartes, suivant le modèle imprimé ci-contre, sera certainement intéressante lorsqu'on voudra se renseigner sur l'état d'âme très particulier de la population parisienne au moment de la visite des souverains russes.

OBJETS DE PAPETERIE

Peu intéressants, en général, les objets de papeterie, peu variés surtout, quoique très nombreux, quoique ne se distinguant par aucune originalité quelconque,
Souvenir franço-russe aujourd'hui, comme ils étaient, hier, souvenir de première communion, du premier avril, d'une fête quelconque, comme ils seront, demain, *souvenir du premier janvier* ou de la visite d'un autre haut personnage. Des fleurs, des pensées, des myosotis, des étoiles avec ancres ou cuirasse, des découpages quelconques, avec rubans, collés sur cartes blanches, des mains s'étreignant au-dessous desquelles on avait écrit, quinze jours auparavant: *Souvenir d'amitié* et au-dessous desquelles on a pu lire, huit jours après *Alliance franco-russe* ou : *Union France, Russie, octobre 1896.*

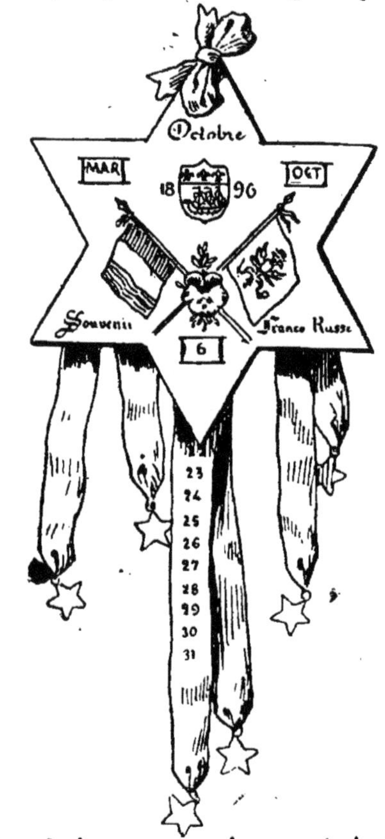

Sur carton, sur ivoire, sur gélatine, de braves gens s'amusent ainsi à écrire, à dessiner, à colorier des légendes, des ornements, des drapeaux. Et comme cela ne suffisait point, voici les tambourins les calendriers perpétuels, les menus. Tout ce que peut trouver, le génie inventif des êtres humains.

LE TSAR et la TSARINE

PAR Pierre PETIT

L'ACTUALITÉ RUSSE DANS L'ENSEIGNE
ET DANS LES ÉTIQUETTES

« C'est chose inouïe, » disait Kotzebue dans ses *Souvenirs de Paris*, « comme le commerçant parisien sait profiter de tout ; pour cela on peut dire qu'il est unique au monde. » Kotzebue, qui fut un observateur très attentif de la rue, un chercheur, un *musard*, pour employer la vieille et si pittoresque expression, ne se doutait certes pas que ce qu'il écrivait en 1804 serait plus vrai que jamais en 1896.

On pourra s'en rendre compte en voyant l'influence exercée par la Russie, dans les journées d'octobre, sur l'enseigne, sur l'étiquette et sur l'appellation des objets dans les domaines les plus différents.

D'abord l'enseigne, quelle que soit sa forme, durable et fixée sur une devanture, ou passagère, c'est-à-dire écrite sur bande de calicot.

Voici un choix d'amusants spécimens qui resteront des documents précieux.

*\
* *

Chez un maroquinier : *Porte-monnaie moscovite, trousse à ouvrage tsarine.* C'est du vert premier Empire, dans une note un peu plus foncée, ou du violet, auparavant décoré d'un autre qualificatif.

* *\
*

A la devanture d'une parfumerie populaire, quartier du Temple :

Vrais parfums russes brevetés, aux couleurs du Tsar !!!

* *\
*

Dans la vitrine d'un magasin de broderies, déjà russe en temps ordinaire, quartier de l'Élysée :

Col russe, manches russes, devants à la Tsarine.

*\
* *

Dans le quartier des Gobelins :

Enseigne de restaurateur : *Au Petit Père.*

Enseigne de marchand de vin : *A la Fraternité des cœurs*, et au-dessous un tableau représente un soldat français et un marin russe, les mains unies.

*\
* *

A Montrouge, derrière la glace d'un établissement de bouillon tenu par un Alsacien, sergent en 1870, un amusant

menu, avec les qualificatifs suivants : *Fricassée viennoise,
Purée saxonne, Compote Baratieri,* le tout arrosé du *vin
de l'Alliance* ou du *cidre franco-russe.*

*
* *

Rue de la Gaîté, tabletterie, vins et liqueurs :

Aux deux inséparables.

Au-dessous, étroitement enlacés, les drapeaux français
et russe.

*
* *

A la devanture d'un grand bouillon sis dans un quartier
excentrique :

Cuisine russe soignée, au goût du jour.

Informations prises, le cuisinier a été laveur de vaisselle
à Saint-Pétersbourg.

*
* *

Dans un restaurant des quartiers élégants, où la russophilie est également à l'ordre du jour :

Harengs demi-doff (sic).

*
* *

Rue d'Alésia, magasin de mercerie :

Aux sœurs amies.

Et au-dessous, la France tend les mains à une Russe
qui, précédemment, devait être quelque Bretonne.

*
* *

Enseigne de crémier :

Véritable fromage de Hollande.

Et au-dessous, on ne sait trop pourquoi, les drapeaux russe et français.

Un fromage de Hollande franco-russe, alors ?

*
* *

Toujours dans le quartier Montparnasse :

Vêtements pour hommes et enfants,
AU GRAND NICOLAS.

*
* *

Boulevard Montparnasse, affiche-réclame.
A la devanture d'un magasin de mercerie et d'étoffes :

A Sainte-Marie,

une grande banderole, avec le portrait du Tsar. En haut : « Cronstadt et Toulon. 1896 ». En bas, les mots : *Pax.*

*
* *

Enseignes diverses :

Au Franco-Russe. — Rue Lafayette, déballage de toutes sortes d'objets et de bibelots d'actualité au milieu desquels trône, cependant, une dynamite pour les cors.

Aux couleurs Russes. — Rue du Faubourg-Poissonnière, magasin de teinturerie.

Aux bons marrons franco-russes. — Rue du Faubourg-Saint-Honoré, un marchand de marrons, patriote.

*
* *

Dans la vitrine d'un magasin d'herboristerie du quartier Montmartre, un personnage habillé en Russe tient en main tout ce qui concerne le commerce de la boutique... y compris une seringue.

17

*
* *

Dans le quartier des Ternes, un grand magasin de chapeaux avait annoncé ainsi son ouverture :

Pour l'arrivée de S. M. l'Empereur de toutes les Russies, inauguration de la grande chapellerie russe, nouveau modèle.

*
* *

Dans le quartier des Halles, à la porte d'un magasin qui liquide — c'est un solde de chaussures — boniment de l'aboyeur énumérant les occasions avantageuses : « Chaussures en véritable cuir de Russie, vendues au prix de 3 fr. 95, pour permettre à tout le monde d'avoir la terre russe à ses pieds ! »

———

I

Après l'enseigne et l'étiquette, les appellations nouvelles, c'est-à-dire l'apparition d'objets dans différents domaines, mais surtout en matière de toilette, baptisés de noms russes.

De tout temps, on le sait, la mode a suivi les influences extérieures provenant soit de la politique, soit du théâtre, soit des idées prédominantes.

Ce qui se passe aujourd'hui s'était donc déjà produit en 1814 et en 1815 : il en est, sur ce point, de la mode comme de la chanson.

La russophilie dans les étoffes, les vêtements et les fourrures :

Soie Radzimir. Granité moscovite. Flanelle russe.

Jaquette russe. Paletot-sac en moskowa.

Étiquette de boîte à savon.

Pour fillettes : Paletot Walmioff; jaquettes Janovska et Denisof; costume Jasna; col Tsarine; Mouflon russe; loutre de Finlande; tour de cou, cravate Olga.

Dans la coiffure : pour les femmes, le chapeau diadème; pour les hommes, la toque de fourrure, *toque russe, toque moscovite*, ainsi que cela se peut lire à la devanture de certains chapeliers.

Dans la chaussure :

Confortables moscovites; sibériennes en feutre.

Dans la parfumerie :

Pâte russe, eau de Cologne russe, violettes russes, cela c'est la *russerie* habituelle; mais voici la *russerie* de circonstance, d'actualité, pouvant se lire sur des boîtes ou sur des étiquettes de bouteilles : *Parfum franco-russe, Savon impérial russe, Essence extra concentrée impériale russe, Poudre impératrice de Russie, Violettes de la Tsarine*, tout cela dans la parfumerie fine. Signalons dans la parfumerie à bon marché, le *Savon superfin Maubert* dédié au « Czar, l'ami de la France ». En 1893, le même avait été dédié au Tsarewitch, si bien qu'un simple changement d'étiquette a suffi pour perpétuer l'hommage.

Du reste, chose à noter, la parfumerie, on ne sait pourquoi, fut toujours une des plus empressées à adopter les choses du jour. Elle avait été boulangiste — et combien ! — inévitablement, elle devait être *tsarienne*.

Et à l'autre extrémité, parfumerie aussi, d'un genre quelque peu différent, aux odeurs peut-être plus pénétrantes, mais certainement moins agréables : le fromage. Il y aurait une étude amusante à faire sur l'influence de la politique dans l'appellation des fromages. Un curieux l'entreprendra certainement, quelque jour.

Contentons-nous, aujourd'hui, de coller ici cette étiquette de camembert franco-russe dont l'idée première remonte, paraît-il, aux premières manifestations de l'alliance actuelle. A quand le fromage normand, parfumé au cuir de Russie ?

Étiquette de boîte.

L'ACTUALITÉ RUSSE DANS LA RÉCLAME

ANNONCE DES JOURNAUX. — PROSPECTUS DE LA RUE. — AFFICHES.

La réclame, on le sait, s'exerce de trois façons : par les annonces publiées dans les journaux, par les prospectus distribués dans les rues, par les affiches apposées sur les murs.

Sous ces trois formes, la publicité a revêtu, durant la période des fêtes franco-russes, une allure très particulière.

D'abord l'article « balcons et fenêtres *pour bien voir le Tsar* », si bien que les petites annonces des grands journaux, au premier rang desquels il faut citer *le Figaro*, ont alors inauguré des rubriques nouvelles, des titres nouveaux. Un empereur passant à l'état de cortège qu'on va voir défiler, un empereur devenant une curiosité pour les badauds !

Et c'est ainsi que, huit jours durant, l'article tsar, pour employer une expression vulgaire, mais juste, a fait prime.

La caricature s'amusera de ces locations de fenêtres ou de balcons qui, eux aussi sans doute, par la suite, deviendront historiques puisqu'ils auront vus, du haut de leurs étages, passer le Tsar.

Et elle ne fut point la seule, soit par ses croquis expressifs, soit par ses légendes explicatives. Bons mots, faits

Réduction de colonne d'annonces du *Figaro*.

17.

divers, articles de petit et grand reportage, l'actualité journalistique, sous toutes ses formes, a sacrifié à ce « louage de
chambres » ordinairement si peu dans nos habitudes.

Les prix, ce fut fantastique ! Ces quelques lignes, empruntées à un journal du matin, constitueront, pour l'avenir, un
document suffisant :

« Nous avons eu la curiosité, en sortant de l'ambassade, de nous
enquérir du prix de location des fenêtres.

• La concierge de la maison qui fait face au jardin de l'ambassade
nous a offert le balcon du quatrième étage au prix de cent francs par
personne.

« Et comme nous lui faisions observer que, d'un quatrième étage,
la vue serait difficile :

« — Ne croyez pas cela, nous a-t-elle répondu avec conviction. *De
ce balcon, on plonge jusqu'au fond de l'ambassade.*

« Non loin de là, un marchand de vins a installé trois chaises au
milieu de sa vitrine qu'il cédera pour un simple billet de vingtcinq louis. »

Après les annonces « pour voir le Tsar », les annonces se
servant du voyage des souverains russes comme prétexte à
réclame. C'est là un moyen employé depuis un certain temps
par les commerçants et qui paraît être d'un excellent résultat. Peut-être n'est-ce pas absolument correct, peut-être
est-ce une singulière façon de concevoir la liberté individuelle, puisque l'on s'empare de vous, de votre nom, de
votre personne et même, nous le verrons tout à l'heure, de
votre figure, sans vous demander si cela vous convient
ou non, mais enfin c'est très anglais et, comme tel, très
admis.

Donc, comme Boulanger précédemment, comme Li-
Hung-Tschang, tout récemment, comme tous les personnages
illustres, comme tous les peuples à la mode, le Tsar, la
Tsarine et les Russes se sont trouvés mêlés sans le savoir,

sans l'avoir demandé, du moins, aux choses les plus disparates.

Pour voir le Tsar, que fallait-il avant tout : se bien porter, c'est-à-dire avoir bonnes dents, bon estomac, être frais et dispos, dans toute la plénitude de ses facultés physiques, afin de pouvoir patienter des heures, sur ses jambes, sans douleur.

D'abord l'eau minérale, d'un emploi aujourd'hui général. Allons-y donc du boniment, à la première page des grands quotidiens, en écho :

Au début de cette semaine historique où la France entière va manifester son enthousiasme de la bonne manière, c'est-à-dire en l'arrosant de vins généreux et d'apéritifs variés, nous permettra-t-on, sans nous traiter de rabat-joie, de recommander à nos amis de ne pas trop s'écarter des lois de l'hygiène ? L'addition d'une eau rigoureusement pure aux diverses consommations que l'on consommera doit être une préoccupation première et, dans ce cas, la délicieuse eau de***** s'impose par sa limpidité et ses qualités digestives.

Et les dents, donc, n'est-ce pas la première chose surtout quand — c'est affreux, mais cela a été fait — l'on va se trouver sur les dents. Voici même page, mêmes journaux, de quoi satisfaire les plus difficiles sans sortir de l'actualité russe :

Un ouvrage russe, *Dents naturelles et artificielles*, édité en 1875 chez A.-A. Sakolow, à Saint-Pétersbourg, nous apprend que, déjà à cette époque, le célèbre professeur X., appelé à la cour impériale, employait son procédé sans nulle trace d'artifice, posé sans aucune douleur, le même qui, perfectionné encore par lui, fait le succès de son merveilleux sanatorium installé à Paris, rue*****, n°...

Avec nos dents, naturelles ou artificielles, de provenance *russe*, allons manger maintenant. Mais où et quoi ? Des plats *russes*, naturellement, dans des restaurants plus ou moins *russes*; dans les endroits, du moins, où vont les *Russes*. Donc les réclames de restaurants *à la russe* n'ont pas manqué ; en voici deux :

Bondé, Paris ! pris d'assaut, les endroits chics, du moins à en juger par les chambrées qu'il y a chez***. Diamants, fleurs, habits noirs ; et d'une gaieté folle, les dîners ! et les soupers donc ! Toute la colonie russe !

« Garçon, un Gribouis pa Rousski. — Garçon, un Forchirowannié Sausselis. — Garçon, un Jasike Volovié po Menschikoff. » Voilà ce que l'on entend depuis huit jours à déjeuner et à dîner chez X***, le restaurateur du boulevard qui s'est fait une spécialité des plats russes. L'alliance culinaire des mets russes et français se fait chaque jour chez X***...

Et six jours après le départ du Tsar la cuisine russe triomphait encore, puisque cet autre écho — écho de rappel — prenait place, dans les mêmes journaux toujours, à la même place toujours.

Le Forchirowannie Sausselis,
Le Jasike Volovié po Menschikoff,
et le Gribouis pa Rousski,

trois excellents plats russes, sont chaque jour savourés chez le restaurateur X*** du boulevard des Capucines. Avis aux partisans de l'alliance culinaire franco-russe.

Tout ça, c'est pour les bien portants. Croyez que dans sa sollicitude pour tous, dans son désir de voir tout le monde sur pied, la médication des spécialistes n'avait point oublié les souffrants, les impotents. Voici, à leur adresse, la réclame des pilules Pink dont on peut trouver ici-même le prospectus :

POUR VOIR LE TSAR !...

Voir le Tsar et mourir !... Tel était l'idéal d'un brave rentier de Santranges (Cher) qui ne cessait de gémir en pensant que sa santé l'empêcherait de venir à Paris pour réaliser son projet, idée fixe de vieillard et de malade que rien ne pouvait contrarier. Or, il nous est permis aujourd'hui de l'affirmer : plus heureux que le vieillard de

Prospectus distribué dans les rues, avec les portraits des souverains russes imprimés en couleurs. Les deux cœurs se replient l'un sur l'autre (face extérieure). C'est la seule réclame qui ait donné, ainsi accolés, les portraits des souverains.

Réclame pour les pilules, imprimée au verso du prospectus.

la chanson de Nadaud qui mourut « sans avoir vu Carcassonne », le septuagénaire patriote de Santranges pourra voir le Tsar et s'associer aux manifestations que l'on prépare en l'honneur de l'illustre ami de la France. Voici par suite de quelles circonstances : comme la plupart des malades, il avait coutume d'entretenir tout le monde de ses maux, et à force d'en parler, il trouva un avis salutaire. C'est l'institutrice de l'école de Santranges, Mlle Bourdaloue, qui le lui donna.

Suit l'avis habituel aux réclames de cette médication.

Après les restaurants, après les remèdes, les réclames des théâtres et des endroits où l'on s'amuse :

D'abord le *Pôle Nord* qui, justement, venait de couvrir les murs de Paris d'affiches toutes pimpantes. Le Pôle Nord ! quand on s'appelle ainsi il faut bien, de droit, sacrifier à la Russie. Or donc, voici ce qu'on lisait dans les journaux du 4 octobre, au courrier des théâtres :

Désireux de s'associer aux fêtes données en l'honneur de ses hôtes, le Pôle Nord organise pour demain une soirée de gala et vient d'adresser aux comités des fêtes du IX⁰ arrondissement un certain nombre d'entrées de faveur, de façon à ce que les officiers russes et français puissent, dans la même soirée, admirer à la fois le Casino de Paris et le superbe établissement de patinage, son voisin, dont la magnifique salle sera brillamment illuminée.

Puis le théâtre des Folies-Dramatiques :

M. Victor Silvestre, directeur des Folies-Dramatiques, vient, à l'occasion des fêtes franco-russes, d'avoir une très heureuse idée.

Il fait distribuer dans les grands hôtels un fort joli, fort élégant et fort ressemblant portrait de S. M. le Tsar. Quand on regarde ce portrait au jour ou à la lumière, l'empereur Nicolas apparaît en uniforme de général français portant en sautoir le grand cordon de la Légion d'honneur.

De plus, tous les porteurs de ce portrait jouiront d'un précieux privilège.

Ils n'auront qu'à présenter au contrôle ou au bureau de location du théâtre ce portrait du Tsar et auront *cinquante pour cent* de diminution à toutes les places.

Le « fort joli, fort élégant, fort ressemblant » portrait de S. M. le Tsar, c'était simplement, est-il besoin de le dire, l'image populaire donnant, par transparence, le général Boulanger.

Autre réclame, non moins typique, qui se renouvelle régulièrement à chaque visite de souverain ou de grand personnage étranger.

Petit avant-goût des fêtes franco-russes.

Avant-hier, dimanche, vers neuf heures, un maréchal des logis russe, en grand uniforme, se présenta au théâtre de la République pour demander à voir la salle. Le directeur, en ce moment au contrôle, offrit à ce sous-officier une avant-scène du rez-de-chaussée, Ce dernier voulut payer, mais l'impressario refusa, trop heureux de lui offrir une loge.

Quand le public vit entrer « ce soldat allié », il n'y eut qu'un cri parti de toutes les galeries qui étaient bondées : « Vive l'armée russe ! » Mais ce fut un délire quand, pendant l'entr'acte, l'orchestre attaqua l'*Hymne russe* et la *Marseillaise*. Le sous-officier russe se leva pour remercier la foule qui criait : « Vive le Tsar ! Vive la Russie ! » A l'acte de Bullier, les danseuses rappelées se tournèrent du côté de la loge où se trouvait le soldat et, le saluant militairement, lui crièrent à leur tour : *Vive la Russie!*

Ce maréchal des logis, chargé de loger les officiers russes à Paris, parle très bien le français. Il a demandé à aller complimenter les artistes. Accompagné du directeur, il alla dans toutes les loges serrer la main aux interprètes de *Nina la Blonde*. Arrivé dans la loge de Clair-de Lune, Arc-en-ciel, Serpolette et La Sauterelle, il dit à ces dames : « Dans notre pays de sauvages, pour les remercier du plaisir qu'elles nous ont donné, nous demandons aux dames la permission de les embrasser. » Et il embrassa les danseuses! Arc-en-ciel lui dit: « C'est pas tout ça maintenant! Vous êtes venu seul, il faudrait nous amener vos camarades que nous attendons avec impatience. » Le sous-officier russe promit de revenir bientôt en nombreuse compagnie.

Ça, c'est gentil, au moins.

Si bien qu'elles aussi, Clair-de-Lune, Arc-en Ciel, Serpolette, la Sauterelle, se trouvent avoir contribué, pour une part, à l'alliance franco-russe.

Après les restaurants, après les remèdes, dits de spécialité, après les théâtres et autres lieux de plaisir, les industries, les commerces.

Et d'abord, à tout seigneur tout honneur, la reine bicyclette, car la visite des souverains russes a été pour un fabricant prétexte à faire mousser sa machine. Lisez le petit poulet :

Le voyage du Tsar remet d'actualité le fameux record Saint-Pétersbourg-Paris, établi par Charles Terront, voici plusieurs années déjà, et non encore battu malgré plusieurs tentatives. On sait que Nicolas II, qui a toujours aimé la vélocipédie, s'intéressa beaucoup à la tentative du grand routier parisien, qui, *grâce à sa bicyclette****, réussit à couvrir l'énorme distance qui sépare les deux capitales.

Plus heureux encore les *pneux* d'une certaine marque, je veux dire plus en intimité avec les souverains, puisqu'ils étaient au coupé et à la victoria de Leurs Majestés. Ne faut-il pas qu'on le sache *urbi et orbi*.

Et le Tsar a beau être loin, parti pour d'autres rives, *en-darmstadté*, la réclame, elle, ne désarme point, elle continue sa propagande commerçialo-russienne, tantôt en première page, comme durant les trois glorieuses russes, tantôt aux faits divers. Voici un écho cueilli dans un journal du 19 octobre :

France et Russie.

Les petites causes ont parfois de grands effets. De même que le miel de Pahayânda, s'il faut en croire le Râmayâna, était la cause de l'alliance de ce pays avec Mânaha, il est indéniable que l'énorme exportation en Russie de l'excellente eau minérale de Pougues-Saint-Léger a contribué pour beaucoup aux bonnes relations franco-russes. Si l'on songe que cette eau, grâce à ses vertus salutaires, soulage des milliers de dyspeptiques, de graveleux, de goûteux et d'anémiés, on comprendra aisément le degré de sympathie éprouvé par les Russes pour le pays qui les en pourvoit.

Pauvre France ! combien déchue ! Jadis c'était pour ton vin ; aujourd'hui, c'est pour tes eaux.

Voici des faits divers :

Le Tsar a pu, pendant sa visite à Versailles, évoquer, dans le somptueux palais, la grande figure du Roi-Soleil. Si les magnifiques atours des courtisans ont fait place à l'habit noir, notre bon renom de courtoisie n'en est pas moins resté intact, et de grandes maisons parisiennes s'attachent à nous conserver celui d'élégance : tel High Life Tailor, avec ses vêtements à 69 fr. 50, 112 rue de Richelieu, coin du boulevard, et 17, faubourg Montmartre.

Ainsi donc, si la France a encore quelque goût, si elle a pu faire bonne figure devant le Tsar, c'est aux tailleurs à prix fixe c'est au démocratique complet sur mesure qu'elle le doit ! Un comble !

Autre chanson :

Les fêtes russes ont causé à tout le monde, aussi bien aux Parisiens qu'aux étrangers venus pour y assister, un surcroît de fatigues. Mais il est bien facile d'y remédier, et d'y remédier agréablement en prenant le matin, avant de sortir, et aussi après le repas, un verre de Longévitine, cette exquise et tonique liqueur, inventée en 1554 par de Roys. Les étrangers nous sauront gré de leur rappeler que c'est, 12, rue des Capucines, que se trouve la maison de vente.

Oh ! oui !

Après cela on pourrait tirer l'échelle, n'est-ce pas ?

Eh bien non ! car une autre branche de l'industrie, le Livre, a voulu elle aussi, sacrifier au Dieu du jour et voici la réclame insérée dans les journaux par une nouvelle publication :

Dans son toast à l'Armée, qui a eu en Europe un si grand retentissement, le Tsar a levé son verre « au Beau Pays de France », expression aimable et flatteuse qui a été au cœur de tous les Français.

Le Tsar ignore peut être encore que parmi les innombrables souvenirs qu'il emporte de son passage chez nous, il trouvera une simple feuille de velin, qui est, tout bonnement, le chef-d'œuvre de l'*Imprimerie en couleurs*.

C'est un panorama de Paris, en héliogravure coloriée à l'aquarelle, avec, au centre, un plan de l'Exposition de 1900. Ce panorama, qui entre aujourd'hui même dans le public, se trouve encarté dans le premier fascicule d'une publication nouvelle qui s'appelle :

LE BEAU PAYS DE FRANCE

monographie qui commence naturellement par PARIS et se continuera par les Provinces, prises sous leurs aspects les plus pittoresques.

C'est fait : le Tsar, il faut l'espérer, n'ignorera plus rien maintenant, grâce aux éditeurs du *Beau pays de France*, grâce au chef-d'œuvre de l'imprimerie en couleurs.

Voilà de quoi enfoncer les libraires de la période romantique, pourtant si féconds en trouvailles ingénieuses. Il est vrai qu'alors ce n'était point la Russie mais la Pologne qui était à la mode.

Bonne santé, « pour voir le tsar » ; tonique pour remédier au « surcroît de fatigues provenant des fêtes » ; « chef-d'œuvre remis au tsar comme souvenir », tout, ainsi, a été prévu. On ne saurait être plus soucieux de la vie de ses semblables.

La réclame humanitaire ! La réclame fin de siècle, sachant tirer parti de tout, et trouvant moyen d'annoncer des chapeaux à 9 fr. 90 ou des complets à 69 fr. 50, sous prétexte de célébrer les fêtes russes, sous couleur de : *Souvenirs* ou *derniers échos* ou encore, le rêve ! — *Un cadeau du Tsar.*

II

Après les annonces des journaux, les prospectus de la rue, prospectus rédigés dans le même esprit, conçus sur le même modèle, faisant également appel à la visite du Tsar, publiant et répandant ainsi son portrait à des milliers d'exemplaires, quelquefois même accolant à ses côtés le portrait de la Tsarine. La réclame-image continuant la réclame-journal ; le prospectus venant, dans la rue, remplir l'office de l'annonce à domicile. On a beau être tsar, empereur et « despote de toutes les Russies », on n'en est pas moins homme public, et comme un homme public ne s'appartient plus, on devient, alors, la chose de la réclame commerciale. C'est ce qui nous a valu le Tsar et la Tsarine des pilules Pinck, le Tsar du magasin de gants et chemises, avec son prosaïque *Voir au dos*; les souverains russes placés en compagnie de Félix Faure sur la couverture d'une petite brochure que fait distribuer un tailleur, offrant, gracieusement, en plusieurs pages, la biographie des anciens tsars; les portraits joints à quelques cartes-adresse du commerce de la mode; les visages à double face d'un tailleur pour dames, visages accommodés à la sauce russe, visant à passer, vus de loin, pour le Tsar et Félix Faure, enfin l'équilibre européen distribué par un magasin de chapellerie, qu'il

Prospectus distribué dans la rue

s'agit de faire tenir en équilibre sur la main, au moyen de deux plombs placés à l'extrémité des drapeaux. Ah! si seulement le véritable équilibre de la politique pouvait tenir aussi simplement.

Donc réclame à la russe, dans les journaux et dans la rue; réclame pour laquelle un dessinateur de talent, Mucha, avait dessiné la fort jolie composition ici reproduite et, malheureusement, restée inédite.

Toute une collection, toute une iconographie qui a même des étiquettes, — tel le dessus de boîte de fromage — à laquelle manquent encore les étiquettes de bouteilles de liqueurs, mais patience, cela viendra.

III

Dernière forme de la réclame russophile : l'affiche.

Ici peu de chose et il faut se contenter de signaler, de cata-

Composition chromo-lithgoraphique de Mucha, destinée à servir d'image à des prospectus-réclames commerciaux distribués pendant la *semaine russe*. Cette composition, d'un arrangement fort élégant, imprimée par la maison Testu et Massin, ne paraît pas avoir été employée.

loguer : l'affiche de Chéret pour *Le Moscou* du Musée Grévin ; — l'affiche du journal *Le Matin* ; — l'affiche du pasteur Edouard Monod faisant appel à l'humanité du Tsar en faveur des Arméniens ; affiche littéraire puisqu'il s'agit d'une poésie adressée au souverain, mais, très certainement n'ayant pas dû être lue par lui à moins que, prévenu à l'avance, il ne se soit armé d'une loupe pour déchiffrer ces caractères lilliputiens.

PORTRAIT-RÉCLAME

Prospectus distribué dans la rue. Sur le dos, que l'on nous engage « à voir », se trouve la réclame d'un magasin de gants, chemises et cravates, des boulevards, invitant le public à une « exposition spéciale »

Ce n'est point la première fois que la réclame a recours à de pareils moyens. Tous les hommes du jour ont passé par là, tous ont vu leur dos servir en quelque sorte de *sandwich* pour annoncer des objets quelconques. Avant 1870, pareille chose eût été considérée comme attentatoire à la dignité du souverain ou du pouvoir: aujourd'hui, cela semble tout naturel. En Russie, cette façon de se servir du dos du souverain, ne serait certainement pas admise.

Réduction fac-similé de l'affiche du journal *Le Matin*. Le texte est sur papier bleu, couleur et forme des dépêches. Sur les côtés, en couleur, les drapeaux russe et français.

18.

REPRODUCTION DE L'AFFICHE DE

APRÈS UNE ÉPREUVE EN BISTRE

CHEMINS DE FER DE PARIS A LYON ET A LA MÉDITERRANÉE

VOYAGE A PARIS
DE
S. M. l'Empereur de Russie

TRAIN DE PLAISIR

LYON - PARIS

Départ de **LYON-PERRACHE** le 5 Octobre, à Min. 15 — Arrivée à **PARIS** le 5 Octobre, à 1 05 soir

Départ de **PARIS** le 11 Octobre, à 11 15 matin — Arrivée à **LYON-PERRACHE** le 12 Octobre, à Min. 16

2ᵉ CLASSE		3ᵉ CLASSE
20 fr.	ALLER et RETOUR	**13** fr.

Les habitants des localités desservies par les gares situées sur les parcours ci-après : de BLACIN jusqu'à SAINT-RAMBERT D'ALBON exclu, de BELLEVILLE à BEAUJEU, de LYON à AMBÉRIEU exclu, de SAINT-GERMAIN-AU-MONT-D'OR à L'ARBRESLE exclu, de LOZANNE à LAMURE, de LYON-SAINT-PAUL à L'ARBRESLE exclu, de LYON à ASPRES-SUR-BUECH exclu, de VÉTRAZ exclu à BRIANÇON, de LYON à GIVORS-VILLE inclus et de GIVORS-CANAL à PEYRAUD exclu, pourront se procurer des billets du Train de Plaisir par l'intermédiaire des Chefs de gare, aux prix ci-après détaillés, comportant des réductions proportionnelles à la distance parcourue.

À tous ces billets ils seront admis à se rendre par les Trains ordinaires jusqu'à la station la plus proche ou l'arrivée le Train de Plaisir. Au retour, ils seront ramenés également se habile gare à leur point de départ, mais ils devront arriver à destination par l'un des Trains ordinaires de la journée qui suivra celle de l'arrivée du Train de Plaisir.

	2ᵉ CLASSE	3ᵉ CLASSE		2ᵉ CLASSE	3ᵉ CLASSE
De Briançon à Montmaur	32ᶠ »	21ᶠ »	De Leymont à Lyon-Brotteaux		
De La Faurie à Saint-Martin-de-la-Cluse	27 »	17 »	De La Tour-de-Millery à Oullins	20ᶠ »	13ᶠ »
De Vif à Rives	24 »	16 »	De Lyon-Saint-Paul à Fleurieux-Lozanne		
Du Grand-Lemps à Vénissieux			De Lamure-sur-Azergues à Châtillon-d'Azergues		
De Salaise à Saint-Fons	21 »	14 »	De Saint-Germain-au-Mont-d'Or à Lozanne et		
De Serrières à Givors-Canal et Givors-Ville			à Saint-Georges	19 »	13 »
De Lyon-Perrache à Neuville	20 »	13 »	De Belleville à Beaujeu et à Mâcon	17 »	11 »

NOTA. — Une somme de 0 fr 5 Q pour droit de timbre doit être payée en sus du prix de chaque Billet dont la valeur est supérieure à 10 fr. (Loi du 23 Août 1871.)

OBSERVATIONS. — Le nombre de places est limité. — La vente et l'achat des coupons de retour sont interdits. Toute personne convaincue d'avoir vendu ou acheté de ces coupons s'exposerait à des poursuites correctionnelles ; de plus, tout Voyageur trouvé porteur de coupons de retour d'un Billet aller et retour dont il n'aurait pas utilisé le coupon d'aller, sera tenu de payer sa place au Tarif ordinaire. Les Billets d'aller et retour ne sont valables, tant à l'aller qu'au retour, que pour le Train spécial en vue duquel ils ont été créés. — Les enfants de 3 ans et au-dessous paient place entière. — Les Voyageurs ne pourront descendre, à l'aller, à aucune gare intermédiaire, sous peine de perdre leur droit au Tarif réduit et d'avoir à payer au Tarif ordinaire le trajet qu'ils seraient effectué. Dans ce cas, au retour, aux Voyageurs le Billet entier, au lieu en remboursement le montant. — Tout Voyageur qui ne représenterait pas son Billet devra payer le prix de sa place d'après le Tarif ordinaire.

BAGAGES. — Il n'est accordé aucune franchise pour le transport des Bagages, mais les Voyageurs peuvent emmener avec eux, dans les wagons, les Bagages dont les dimensions ne seront pas une gêne pour les autres personnes. — Les Voyageurs du Train de plaisir (aller) pourront faire enregistrer leurs Bagages à la gare de PARIS, dès le matin du jour de leur départ.

De tout temps les humanitaires, genre Bertron et Gagne, ont aimé à se faire remarquer par des excentricités de cette espèce, maladie, du reste, bien innocente.

Voici encore :

L'affiche pour la Boîte à sel franco-russe ; l'affiche pour le *Voyage en Orient du tsarewitch*, publication de grand luxe éditée il y a quelques années ; les affiches des comités d'arrondissement pour l'organisation des fêtes de quartier, imprimées sur papier blanc, sur papier aux trois couleurs, ou encore — et c'est là que triomphe l'influence russe — sur papier jaune avec aigle comme fond, entouré d'un encadrement tricolore.

Puis les affiches des compagnies de chemins de fer — Paris à Lyon et à la Méditerranée, Ouest, Est, Orléans, — intéressantes, surtout, par leurs en-têtes, par ces titres qui pourront paraître étranges quelque jour *Voyage à Paris de S. M. l'Empereur de Russie, Le Tsar à Paris, Fêtes franco-russes* servant de réclame à des trains de plaisir mis en marche de toutes les villes importantes sur Paris à seule fin de donner aux provinciaux la possibilité de jouir du spectacle. Ou encore *l'Avis au public* pour la revue du camp de Châlons.

Enfin l'affiche des grands magasins Dufayel pour les nouveaux tableaux du cinématographe Lumière : *Les souverains russes en France* et l'affiche du Théâtre Russe de la rue Taitbout pour les représentations de *La vie pour le Csar*, entreprise qui n'aura guère laissé trace que sur les murs.

Journaux *russifiés*, prospectus *russifiés*, affiches *russifiées*, voilà le bilan de la réclame en ces jours de fêtes inoubliables. — Où trouverait-on pareil engouement ?

FEUILLES VOLANTES ET IMAGES

PROGRAMMES DES FÊTES

— *Les Fêtes Parisiennes illustrées*, n° 1.

Feuille in-folio portant pour titre, à l'intérieur, *Programme officiel des fêtes* (avec portraits de l'Empereur et de l'Impératrice) et pliée en quatre pour la partie journal (article *France et Russie*, avec série de clichés.)

— *Programme-itinéraire.*

Imprimé sur crépon de Chine, avec portrait du souverain.

— *Programme officiel et complet des fêtes franco-russes.*

In-folio. Le recto avec images coloriées donne des séries de portraits, Félix Faure étant au milieu, et une composition : Réception de l'Empereur et de l'Impératrice de Russie. (Voir la reproduction du verso.)

— *Programme officiel des fêtes organisées en l'honneur des Souverains russes.*

Imprimé sur papier jaune avec encadrement tricolore. Portraits du Tsar et de la Tsarine.

— *Programme-bijou, avec dentelle dorée sur les bords.*

Au recto et au verso, portraits du Tsar et de la Tsarine.

— *Programme officiel des fêtes.*

In-folio. Au milieu, sur trois colonnes de la justification d'un journal, le programme détaillé : jetés sur les côtés, les portraits en couleurs de Félix Faure et du Tsar entourés de drapeaux. En marge, jetées en travers, à droite et à gauche, des vues de Paris. Au milieu, dans le haut, le Tsar et la Tsarine sur l'aigle impériale. En bas la mention : « Ce programme a été exécuté en vingt-quatre heures par l'héliotypie Buirette, 71, rue Saint-Louis-en-l'Ile. »

— *Le Bienvenu Illustré.* France. Russie. 2e année. 5-9 octobre 1896. n° 23. Cours Vitton, Lyon.

Souvenir patriotique du voyage en France de Leurs Majestés Impériales de Russie, Cherbourg, Paris, Versailles, Châlons-sur-Marne.
Portraits de personnages français et russes depuis les souverains, imprimés en bleu. La feuille se pliant en deux, l'intérieur est sur deux pages et donne le récit du séjour de Leurs Majestés en France.

— *Les toasts de l'Empereur de Russie et du Président de la République, des 5 et 6 octobre 1896. Paris-Cherbourg.*

Feuille de carton donnant le texte officiel des toasts, dans un encadrement de branches de feuillages, et avec portrait.

— *Les toasts de l'Empereur de Russie et du Président de la République après la revue de Châlons.*

Même genre d'impression ; même disposition. Au-dessous les mots : *Souvenir des fêtes franco-russes.*

IMAGES ET PLACARDS ILLUSTRÉS

— *L'Armée de l'Alliance*, par Caran d'Ache.

.Petits sujets coloriés, sur une feuille. Très amusantes vignettes humoristiques représentant les soldats russes et français unis en tout et pour tout.
A été également publié sous forme d'album se dépliant.

— *Entrevue de Paris*. 6 octobre 1896.

Composition de H. Meyer et Julien.
Grande planche tirée en vert donnant, au milieu, une représentation de l'entrevue, avec portraits en médaillons du Tsar et de M. Félix Faure.
Tout autour les portraits au grand complet de la famille impériale de Russie alignés dans un cadre carré ; puis, en un second carré, les personnages historiques de la France depuis Vercingétorix jusqu'à Victor Hugo, tandis qu'un troisième carré, sertissant l'ensemble, nous donne tous les rois de France se suivant à la file comme sur les anciennes toiles cirées. Les intervalles sont garnis de scènes guerrières et d'épisodes patriotiques.
En haut, au milieu, le buste de la R. F. d'après le modèle classique de Oudiné.

— *France et Russie*. Hommage au Tsar.

Le Tsar, en général français, passant devant les troupes françaises. Chromolithographie.

— *Entrée du Tsar à Paris*, 6 octobre 1896.

Chromolithographie publiée huit jours avant l'événement.
Que serait-il advenu de ce document préhistorique — c'est le cas de le dire — si le Tsar n'était pas venu, ou n'avait fait son entrée que le 8 octobre ?

— *Souvenir de la visite du Tsar Nicolas II, en France.*

Chromolithographie.
Dessins et portraits. Au centre Félix Faure serrant la main du Tsar lequel a, à ses côtés, la Tsarine. Voir les explications dans la brochure vendue avec cette image : *La Vie intime du tsar Nicolas II.*

— *Réception à l'Elysée par le Président de la République de LL. MM. le Tsar et la Tsarine.*

Grande lithographie avec l'Hôtel de ville et l'Arc de triomphe.

— *Visite officielle de LL. MM. le Tsar et la Tsarine.* La cérémonie officielle du couronnement à Moscou, le 26 mai 1896.

Grande lithographie donnant les portraits des souverains, dans des médaillons, avec ceux de Félix Faure et des fondateurs de l'alliance franco-russe.

— *France-Russie*. Image pour feuille de tirage au sort.

L'aigle impériale russe couronnée avec les initiales R. F. au-dessous, tenant dans ses serres le drapeau français et l'écusson armorié de la République. Pellerin et Cie à Epinal.
Contient exactement, dit la légende, *R. F. et France-Russie. Races Unies.*
Au-dessus, et de chaque côté, les inscriptions suivantes :

Vos drapeaux aux mêmes couleurs	Mieux encor : vos noms fiancés
De cette amitié qui vous lie	— Mystérieuses harmonies —
Etaient symboles précurseurs ;	Disent, autrement disposés,
— Mystérieuse prophétie —	Exactement : « Races Unies. »
France-Russie !	France-Russie !

Composition amusante par la recherche des similitudes dans les mots : France-Russie.

— *Les Armes franco-russes,* avec la devise : « Unis pour le droit, » en remplacement de $1 + 1 = 3$. J. Strauss.

Feuille en cinq couleurs et or formant écusson dont les attributs signifient Russie et France unissent leurs armes et leurs drapeaux pour la Paix.

— *Ecusson allégorique* entouré d'une couronne murale : Paris-Cronstadt, Toulon et, au milieu, deux mains entrelacées.

— *L'aigle dans la pensée.*

Grande feuille : la fleur avec sa tige, en couleur, sur fond jaune.

Gravure sur bois avec les portraits de Félix Faure et de Nicolas II, en médaillons accolés.

En haut et en bas vignettes reproduisant les grands épisodes de l'alliance franco-russe.

BROCHURES, PLAQUETTES, PUBLICATIONS EN LIVRAISONS

— *Un agent provocateur* (avec portrait de Drumont, en vieux juif).

Au verso les portraits du Tsar et de la Tsarine.
Publication éditée par le vendeur de la *Libre Parole* afin d'amener une polémique et d'augmenter ainsi le tirage du journal.

— *La Czarine,* roman historique et dramatique inédit, par René Monfort. (Couverture illustrée.)

Publication en livraisons lancée, « au moment où tout le monde avait les yeux tournés vers la grande Russie. »

— *L'Armée russe,* par Ladislas Lœvy, texte d'Armand Silvestre et P. de Pardiellan A. S. M. l'Empereur de Russie, *le Journal.*

S'ouvre par une poésie de Henri de Fleurigny, *la Vraie Salve.*

— *Le Tsar dévoilé et le Tsar révélé,* par Marcel Vermont. Impr. Félix Risch, 28, passage des Panoramas. L. Hayard, éditeur.

Portrait sur la couverture. Physiognomonie, graphologie, horoscope du Tsar.

— *Le Tsar Nicolas II et l'alliance franco-russe.* Paris, imprimerie Paul Dupont.

Sur la couverture la famille impériale. Brochure historique, portraits et gravures.

— *Tsar et Revanche.* Conséquences du voyage de S. M. Nicolas II en Europe. Genève, Georg.

Brochure historique faite avec soin expliquant les raisons d'être de l'alliance franco-russe.

— *Le Tsar en France* (J. Strauss, éditeur).

Publication en livraisons, illustrations en noir et couleurs d'après les photographies de Paul Boyer; texte descriptif et anecdotique des diverses planches retraçant toutes les étapes du voyage du Tsar en France, tant dans le domaine des grands évènements, des réceptions officielles, que pour le petit côté des choses.

— *Hommage au Tsar. Le Tsar et la Tsarine en France.* Publié sous la direction de MM. F -G. Dumas et Joleaud-Barral, avec préface de François Coppée. — (*Le Journal* et la Librairie May et Motteroz).

Publication illustrée de 2 eaux fortes, 4 chromos, 20 hors texte et 100 illustrations.

— *Le Panorama.* — France et Russie. Les cinq journées russes (Baschet, éditeur).

Portfolio en livraisons.

— *Les Souverains Russes en France* (Cherbourg-Paris-Châlons). Album du *Matin.*

Texte par M. Belon, photographies de M. Gers.

PLACARDS SATIRIQUES

— *Funérailles de la Triple Alliance.*

— *Texte officiel du fameux traité secret d'alliance entre la France et la Russie.*

— *Le Canard franco-russe,* journal presque officiel de la République fauraine. « Avant cent ans, Paris sera brûlé ou cosaque. » Napoléon Ier.

Journal imprimé sur papier bleu, le mot « Le Canard » étant figuré par une vignette. Satire assez violente dirigée contre le Président de la République et sa famille, et contre Rochefort, qui fut immédiatement saisie. Texte, annonces et dessin du jour, tout est à la russe. On y trouve le programme des théâtres autorisés de *Nicolasbourg* (ancien Paris), le wagon de gala de Mlle Olga-Lucy Faure, une annonce pour *Cronstadt-Plage,* création nouvelle sur la falaise de Boulogne, avec 24 express par jour, et des détails inédits sur le costume de « Félisque ».

Le programme des fêtes de la cour des Tzars Félix et Nicolas est un joyeux spécimen de la littérature tintamarresque genre Commerson. On pourra en juger par les extraits suivants :

« A 2 heures, sortie dans Paris, en traineau conduit par M. Féliskof Faure, en grand uniforme de Cosaque du Don et Mlle Lucy Russe, en robe de poils de jeune « renne ».

Hymne Russe par l'ancienne garde républicaine, la fanfare des Tartares et celle des Cosaques.

M. Floquet fils s'approche du radeau impérial et, d'une voix de stentor, crie : « Oh ! voui, va ! A bas la Pologne ! M'sieu l'Empereur de Russie ! »

Mme Sidonie Faurell offre, rouge d'émotion, un bonbon à S. M. l'Impératrice ; M. Faure passe un cigare au Czar, ce pendant qu'Olga-Lucy Fauresky mâchonne une cigarette des Balkans.

M. Fauroff passe au long cou du cardinal Cafardesky le solide cordon de l'ordre du grand Tanneur ; il remet la barrette à M. Mélineff, qui baise copieusement l'alliance du Président. Déjeuner intime à l'Elysée Faure-Russe.

Au dessert, Mme Faure et toute sa famille se font naturaliser russes. Hurra ! Hymnes ! Chants ! Bans ! Grande retraite aux chandelles.

8 h. Gala à la Comédie Franco-Russe. Invocation au Czar, vers inédits de M. Le Bargy, dits par M. Claretie, vêtu en paysanne moscovite.

10 h. A l' « Opéra Comique », l'Étoile du Nord, M. Faure — fort en tout — remplira le rôle de Peters, qu'il a créé jadis à l'Alcazar du Havre. Intermède : *Il a des guêtres, il a des guêtres. Félisque,* par Yvonnette Guilbertoff.

Quête au profit des malheureux Arméniens, par Drumontof, donnant la main à l'inévitable citoyenne Severineska. »

19

PETIT MANUEL DE CONVERSATION Franco ☒ Russe

Edition des 20 Journaux des Vingt arrondissements de Paris

Français	Prononciation Russe	Russe
Vive la Russie.	Da zdravstvouiet Rossia	Да здравствуетъ Россія
Vive la France.	Da zdravstvouiet Frantzia	Да здравствуетъ Франція
Vive le Tzar	Da zdravstvouiet Tzar	Да здравствуетъ Царь
Vive	Da zdravstvouiet	Да здравствуетъ
Vive la République.	Da zdravstvouiet Respoublika	Да здравствуетъ Республика
Bonjour les amis	Zdravstvouite drouzia	Здравствуйте друзья
Comment allez vous?	Kak pogivaiete?	Какъ поживаете?
Très bien	Otchen horocho.	Очень хорошо
Parlez-vous Français	Govorite po frantsouski	Говорите ли Французски
Parlez-vous Russe.	Govorite po Rousski	Говорите ли Русски
Beaucoup.	Mnogo	Много
Un peu.	Nemnogo.	Немного
Très peu.	Otchen malo.	Очень мало
Très mal	Otchen plocho	Очень плохо
Passablement.	Snosno	Сносно
Je vous aime	Ia vas lioubliou.	Я васъ люблю
Où voulez-vous aller.	Kouda gelaoue idti	Куда желаете идти
Au concert,	V kontzeri.	Въ концертъ
Au théâtre	V teatre	Въ театръ
Au bal	Na bal	На балъ
Comment trouvez-vous Paris	Kak nahodite Parige.	Какъ находите Парижъ
Vous amusez-vous	Vi vesselites	Вы веселитесь
De quel régiment êtes-vous	S kakovo vi polka	Съ какого вы полка
Voulez-vous dîner avec moi	Gelaiete so mnoiou obiedat.	Желаете со мной обедать
Je ne comprends pas	Ia ne ponimaiou	Я не понимаю
Que voulez-vous prendre	Tchefo gelaiete	Чего желаете
Que faites-vous ce soir	Tchto dielaiete	Что делаете
Voulez-vous visiter la ville	Gelaiete smotrot gorot	Желаете смотреть городъ
Du vin	Vino	Вино
De la bière	Pivo	Пиво
Du champagne.	Champanskoia.	Шампанское
Une bouteille	Boutilka	Бутылка
Un verre	Stakan	Стаканъ
Un couteau	Noge.	Ножъ
Une fourchette	Vilka	Вилка
Une cuillère.	Lojka	Ложка
Une assiette.	Tarelka.	Тарелка
Une serviette.	Salfetka	Салфетка
Des légumes.	Ovochtchi.	Овощи
Des œufs	Iaitza	Яйца
Du fromage.	Sir	Сыръ
Des fruits	Froukti.	Фрукты
L'addition.	Schtchot.	Счетъ
Du sel	Sol	Соль
Du Poivre	Perets	Перецъ
De la moutarde.	Gortchitza.	Горчица

HOTEL. | GOSTINNITZA | ГОСТИННИЦА.

Français	Prononciation Russe	Russe
Je désire une chambre	Ia gelaiou komnatou	Я желаю комнату
Désirez-vous une chambre	Gelaitie komnatou	Желаете комнату
Donnez-moi une bougie	Daitie mnie sviemchou	Дайте мне свечу
Une serviette	Pololentze	Полотенце
De l'eau chaude.	Tioploiou vodou	Теплую воду
Ma clef	Klioutch	Ключъ
Prenez-vous vos repas ici.	Koushaiotie vi adiesa	Кушаете ли здесь
Avez-vous besoin d'un fiacre	Nougen vam izvochtchik	Нуженъ вамъ извозчикъ
Quel heure est-il.	Katori tchas.	Который часъ.
Merci.	Blagodariou.	Благодарю
Qu'est-ce que c'est.	Chto takoe	Что такое
Que dites-vous	Chto govorite.	Что говорите
Ici vous êtes comme chez vous.	Zdies vi kak ou sebia	Здесь вы какъ у себя
Aurai-je le plaisir de vous voir	Boudou imiet oudovolstvie vas vidiet	Буду иметь удовольствіе васъ видеть
Avez-vous passé une bonne nuit	Provili vi horocho notch	Провели вы хорошо ночь
Merci, très bonne, et vous	Blagodariou otchen harocho a vi	Благодарю очень хорошо а вы
Où habitez-vous	Gdie vi giviotie	Где вы живете
Vous n'êtes pas trop fatigué du voyage	Vi ne otchen oustali ot dorogi	Вы не очень устали отъ дороги
Fumez-vous le cigare	Kourite vi sigari.	Курите ли сигары

Français	Prononciation Russe	Russe
Fumez-vous la cigarette	Kourite vi paperosi.	Курите ли папиросы
Fumez-vous la pipe	Kourite vi troubkou.	Курите ли трубку
Au revoir.	Do svidania.	До свиданія

TOAST. | TOSTE | ТОСТЪ.

Français	Prononciation Russe	Russe
À votre santé.	Za vaché zdorovie.	За ваше здоровье
À la santé de l'armée russe	Piou za zdorovie drougo Rousskaro	За здоровье друга русскаго
Je bois à la santé du tzar	Piou za zdorovie Tzaria.	Пью за здоровье Царя
À la santé de la France.	Za zdorovie Frantsii.	За здоровье Франціи
À la marine russe	Za Rousski flot.	За русский флотъ
À la marine française.	Za Frantsouski flot.	За французский флотъ
Je bois à notre alliance.		

RESTAURANT | RESTAURANE | РЕСТОРАНЪ

Français	Prononciation Russe	Russe
Je veux manger	Gelaiou iest	Желаю есть
Que voulez-vous boire	Tchelo gelaietie pit.	Чего желаете пить
Que voulez-vous manger	Tchevo gelaietie iest.	Чего желаете есть
De la viande.	Miaso.	Мясо
Du pain	Hlieb	Хлебъ

CAFÉ. | KOFÉ | КОФЕ

Français	Prononciation Russe	Russe
Garçon.	Tschelaviek	Человекъ
Donnez-moi un café	Daitie mnie kofa	Дайте мне кофе
Donnez-moi un bock	Kroujkou.	Кружку
Donnez-moi du cognac	Koniak	Коньякъ
Donnez-moi un grog	Grog	Грогъ
Donnez-moi un panch.	Pounch	Пуншъ
Donnez-moi un journal	Journal.	Журналъ
Donnez-moi un petit verre	Rioumkou.	Рюмку
Donnez-moi une chartreuse	Chartreusa	Шартрезъ
Donnez-moi un kumel	Kumel.	Кюмель

NOMBRE CARDINAL | TCHISLO TCHETNOIE | ЧИСЛО ЧЕТНОЕ

Français	Prononciation Russe	Russe
Un	Raz.	Разъ
Deux.	Dva.	Два
Trois.	Tri.	Три
Quatre	Tchtire	Четыре
Cinq.	Piát.	Пять
Six	Chest.	Шесть
Sept.	Siem.	Семь
Huit.	Vosiam.	Восемь
Neuf	Deviat.	Девять
Dix.	Dieviat.	Десять
Onze	Odinnadzad.	Одиннадцать
Douze	Dvienadzad	Двенадцать
Treize.	Trienadzad.	Тринадцать
Quatorze.	Tchetirnadzad.	Четырнадцать
Quinze	Piatnadzad	Пятнадцать
Seize	Chesnadzad.	Шестнадцать
Dix-sept.	Siemnatzad	Семнадцать
Dix-huit.	Vosiemnatzad.	Восемнадцать
Dix-neuf	Dieviatnadzad	Девятнадцать
Vingt	Dvadzad	Двадцать
Vingt-un.	Dvadzad odin.	Двадцать одинъ
Trente.	Tridzad.	Тридцать
Quarante.	Sorok.	Сорокъ
Cinquante.	Piatdiesiat.	Пятьдесятъ
Soixante.	Chestdiesiat.	Шестьдесятъ
Soixante-dix.	Siemdiesiat.	Семьдесятъ
Quatre-vingt	Vosemdiesiat.	Восемьдесятъ
Quatre-vingt-dix	Dieviano-sto.	Девяносто
Cent	Sto	Сто

MOTS USUELS | ODIKNOVENNIA SLOVA | ОБЫКНОВЕННЫЯ СЛОВА

Français	Prononciation Russe	Russe
À droite.	Na pravo.	На право
À gauche	Na lavo.	На лево
Tout droit.	Priamo.	Прямо
Tout près	Blizko.	Близко
Loin	Daleko.	Далеко
En face.	Na protiv.	На противъ
Water-closette.	Noujnik	Нужникъ

Paris — Imp. Saint-Merri, Géraut, 33, rue Saint-Merri.

Dernière page du *Programme des fêtes officielles* publié par l'imprimerie Saint-Merri. — Ce petit manuel de conversation a été également publié en brochure.

ESTAMPE en carton argenté, allégorie-souvenir des fêtes d'octobre.

Cet objet est sans contredit le plus artistique de tous ceux qui furent fabriqués par l'industrie parisienne à l'occasion du voyage du Tsar. L'auteur n'hésite pas à déclarer qu'il lui a donné la préférence en votant pour lui, à *l'Exposition des bibelots franco-russes* organisée par *Le Gil-Blas*.

Jeu dessiné, colorié et écrit à la main sur feuille de carton.

FUNÉRAILLES DE LA TRIPLE ALLIANCE

Messieurs & Citoyens français,

Vous êtes tous priés d'assister au Service PATRIOTIQUE, politique, public et moral de

l'Empereur d'Allemagne

dit le VAINQUEUR DE SEDAN, décédé, politiquement parlant, cejourd'hui 5 Octobre, à 10 heures du matin, à Cherbourg.

On se réunira à la maison mortuaire rue de Grenelle (Paris), à l'ambassade de Russie, le Vendredi 9 du courant, à 11 heures très précises, d'où le convoi funèbre partira pour se rendre à Rome.

La marche du cortège a été réglée ainsi qu'il suit .

1º L'Empereur FRANÇOIS-JOSEPH, son auguste frère, conduira le deuil avec une canne de tambour-major, signe de commandement;

2º Les cordons du poêle seront tenus par MM. CRISPI (dit MACARONI), BISMARCK (l'ex-chancelier de fer); VICTOR-EMMANUEL (dit l'INGRAT) et DREYFUS (l'ex-capitaine de funeste mémoire).

3º MM. les Ministres d'Allemagne, d'Autriche, d'Italie et le Gouverneur d'Alsace et Lorraine, *en traînant tous leur impopulaire* **vétusté**, porteront un cierge allumé dans leur main droite et de leur main gauche ils feront leur *mea culpâ*.

4º Suivront le cortège : Les Généraux, Officiers supérieurs, Fonctionnaires, Hommes politiques de la Triple-Alliance y compris tous les ennemis de la France avec leurs nourrices et nourrissons.

Priez pour le repos de son âme.   *Un De profundis, s. v. p.*

Le Commissaire des Pompes funèbres, NOËL GRAMMOND.

P S. — Tous les Français chanteront le cantique suivant

Biarritz, 4 octobre 1896.

Vous ne garderez pas l'Alsace et la Lorraine,
Et, malgré vous, nous redeviendrons Français.
Vous avez pu germaniser la plaine,
Mais nos cœurs, jamais, non, jamais !

Vive l'Empereur de Russie !   Vive la France ! !

Lettre mortuaire-farce comme il en fut fait, jadis, pour Gambetta, pour l'empereur Guillaume, pour Jules Ferry, pour Boulanger, pour Bismarck, etc.

Il est intéressant de rappeler, à ce sujet, que le colportage de ces « canards » a été interdit dans certains départements par l'autorité préfectorale, comme pouvant, ainsi que les billets de banque-farces, induire le public en erreur.

Tableau des monarques russes d'Yvan le Terrible à Nicolas II.

Ce placard a été fait avec grand soin par M. Ajasson de Grandsagne, les portraits ayant été copiés d'après des estampes de la Bibliothèque nationale.

TEXTE OFFICIEL

(en Volapück diplomatique)

DU FAMEUX

Traité Secret d'Alliance

ENTRE

La FRANCE & la RUSSIE

Digué li qué vengue mon bon. Emprunt russe. Ça été roublard, gott ferdeck saye tu. (Kif kif bourico jadis). Ciclono macach bono. Nisco. Chouette alors ; il viendra Nicolas, ah ah ah. Donnerwetter ! à Berlin gout morgen. Un' deus' Par le flanc droit. Man spricht deutsch. Victoria English spoken here. Plum pudding. All right Balmoral.

Cherbourg Salamalec pont cassé Wagons-salons Great attraction Spahis Tiraillours Nass Nass La Nouba, Spahis, Zouazoua Gare de Bercy, petites femmes, mléé besef, Chouf l'arbi, Bouvardof Lépinouski Circulez.

Gare de Passy Salamalec Patapoum Rataplan Fantasia Besef Caparaçons caïds Demi-setiers cuitorum, camelots, cors au pieds Gueule de Bois Opéra No bailé (Plus de caviar] Gala Gala Boum boum, Félisquomir Fauriski, Tourniérof Girouettes du Louvre Lampionskoff Fusinski, Taratapoum boum boum, Chalons-sur-Marne, Rataplan Zim la la Vive l'armée Nous vivons de l'histoire Rataplan Zim boum boum Darmstadt Décorations parapluies As bor chouia la pipe, barca ! purée, Terme au preprio.

SIGNÉ :

Populo Nicolas.

Placard satirique se pliant en deux, une des faces étant ornée de cinq cachets rouges pour imiter la cire.

NICOLAS II, Empereur de Russie, à **PARIS**

IMAGERIE D'ÉPINAL

(D'après une épreuve en noir.)

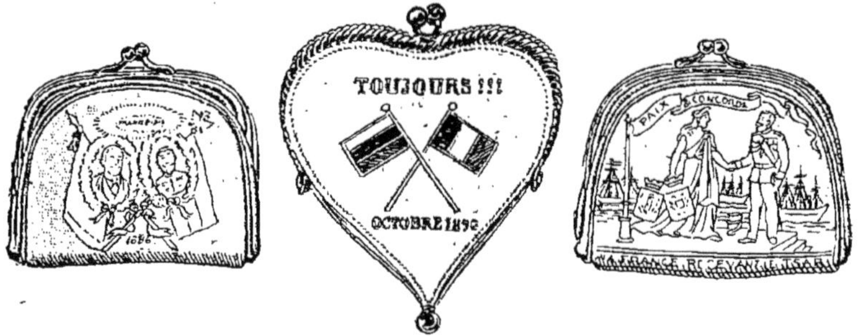

Porte-monnaie avec drapeaux et sujets franco-russes frappés en or et coloriés.

LE MUSÉE DE LA FOLIE RUSSE

C'est ici — on ne saurait véritablement trouver d'autre qualificatif pour les excentricités qui vont suivre — le Musée de la folie humaine.

Ce qui s'est écrit, ce qui s'est fabriqué, ce qui a vu le jour n'est véritablement rien en présence de ce qui aurait pu s'écrire, de tout ce qui a germé dans les cervelles humaines toujours en ébullition. Chose caractéristique : le même emballement, les mêmes excentricités se produisent lorsqu'il s'agit d'honorer un ami, un allié, ou de détruire un ennemi. Ceux qui ne savaient qu'inventer pour faire au Tsar une réception grandiose sont les proches parents de ceux qui, en 1870-1871, passaient leur temps à la recherche d'engins nouveaux et terribles pour détruire les Prussiens. Il n'y a pas que la *fièvre obsidionale*, il y a aussi, si l'on ose s'exprimer ainsi, la *fièvre réceptionale, festivale,* et c'est de cette dernière que nous allons nous occuper. afin que l'on puisse apprécier en toute connaissance l'état d'âme de la population parisienne durant le passage des souverains russes.

Et ici je ne saurais mieux faire qu'en reproduisant, dans son intégralité, l'article publié dans le *Figaro* par M. Emile Berr, parce que cet article résume de façon excellente les différentes formes de l'aberration humaine. On ne saurait mieux dire en quelques pages.

Les journaux sont les confidents naturels de tous ceux qui, en temps de réjouissances publiques, ont un vœu à exprimer, une réclamation à faire entendre, une idée à lancer... Et qui, depuis un mois, n'a pas eu *son idée ?*

Le *Figaro* a donc été quotidiennement assailli d'une pluie de lettres venues de partout, de Paris, des départements, de l'étranger même ; lettres touchantes, ingénieuses, enthousiastes, baroques ou folles, dont la publication remplirait un volume

Nos correspondants ont tout prévu, et leur sollicitude embrasse tous les instants du séjour impérial, de la minute du débarquement à celle de l'adieu final...

L'un demande qu'au moment où le Tsar mettra le pied sur la terre française les drapeaux soient hissés et les cloches mises en branle dans toutes les communes — qui auront dù préalablement régler, à une seconde près, *leur heure* sur celle de Cherbourg et de Paris.

D'autres se sont préoccupés du défilé du cortège dans Paris. Je passe sous silence les requêtes relatives aux échafaudages à masquer ou à démolir, aux travaux de voirie : chaussées à niveler, pavages à transformer, etc. Un correspondant ne se contente pas de réclamer des pavés neufs ; il propose qu'on les décore, qu'on y fixe l'inscription : *Vive le Tsar !* appliquée de Passy à la rue de Grenelle *sur chaque pavé*, au moyen d'un timbre en caoutchouc, et d'une encre inaltérable dont il nous offre la formule.

Un autre aurait souhaité que chaque corporation construisît *son* arc de triomphe, sur le passage des souverains, et qu'ainsi tous les métiers collaborassent directement à une sorte de décoration emblématique des rues.

Je ne dis rien des lettres où nous sont donnés les avis les plus variés sur la façon dont il eût convenu de nettoyer, décorer, transformer l'*Opéra*. Un musicien français — qui ne figure pas au programme du gala — se plaint qu'on y donne autre chose que la musique russe.

Plusieurs se préoccupent de la composition du cortège impérial. Un « abonné » demande que l'honneur de former l'escorte soit laissé aux cavaliers de Saint-Cyr et de Saumur. Un autre — qui a probablement les reins délicats — pose une question touchante : « A-t-on pensé à *caoutchouter* les roues de sa voiture ? » A dire vrai, nous n'en savons rien.

Un républicain qui n'aime point le *sabre* voudrait que la revue militaire de Châlons fût précédée d'une revue civile : sur le parcours des Champs-Elysées, se grouperaient nos sénateurs, nos députés, nos conseillers de tout acabit, nos maires — et le Tsar saluerait en eux, au passage, « l'expression de la volonté nationale ».

La revue de Châlons est naturellement le sujet d'un grand nombre des communications qui nous sont faites. On n'imagine pas combien de braves gens ont eu, depuis un mois, le sommeil troublé par l'incertitude de savoir comment M. Faure serait vêtu le 9 octobre. Redingote, habit, uniforme? Et quel uniforme ? Celui de colonel territorial est proposé par quelques correspondants.

Le harnachement de parade de nos troupes de cavalerie paraît insuffisant à un lecteur, qui voudrait que, pour la circonstance, on le transformât plus élégamment. Un ancien chasseur à pied suggère l'idée de réunir à Châlons tous nos bataillons de « vitriers » autour de leur étendard unique. Un autre demande si on ne pourrait pas fondre ces bataillons épars en un régiment... dont Nicolas II serait nommé colonel.

Cette préoccupation de donner au Tsar le commandement d'un régiment français est partagée par quelques correspondants : l'un d'eux propose carrément le 9ᵉ cuirassiers — le régiment de Reichshoffen.

Beaucoup de lettres, enfin, sont consacrées à la question de savoir de quelles façons le Tsar pourra être dignement remercié de nous avoir rendu visite et sous quelles formes cette visite pourrait être commémorée.

Il y a d'abord les propositions de cadeaux. Je note :

Une statue d'Alexandre III (celle du Salon de 1894) à faire offrir par les Sociétés de gymnastique de France;
Un Christ;
Un *grand collier* de la Légion d'honneur.

L'auteur de cette proposition fait remarquer que, de tous les souverains qui ont visité l'Exposition de 1867, l'empereur d'Autriche fut le seul à qui l'on vit porter ce grand collier. C'était celui que Napoléon Iᵉʳ avait donné à son beau-père, François II, père de Marie-Louise, à l'occasion de son mariage, en 1810.

Un Livre d'or des communes (exemplaire unique), relatant l'histoire de chacune d'elles ;
Un album héraldique des villes de France ;
Une série d'albums photographiques consacrés à la description du pays tout entier, etc., etc.

Toutes ces propositions s'appuient sur des plans variés de souscription publique. L'un de ces correspondants réclame — en vue d'un don que d'ailleurs il ne détermine pas — une souscription nationale à un franc... Et il joint, à tout hasard, son franc à la lettre qu'il nous envoie.

A signaler aussi l'idée imprévue d'un lecteur qui, rappelant la part prise par M. de Mohrenheim à la fondation de l'entente franco-russe, exprime le vœu qu'un château lui soit offert par souscription publique ; et ce château devrait être situé dans le Blésois, où la famille de Sèze a déjà ses propriétés.

Les propositions de démonstrations commémoratives nous sont arrivées aussi, nombreuses et diverses.

Beaucoup souhaitent de voir ériger une statue à Alexandre III ; d'autres demandent la création d'un timbre-poste. Le boulevard Nicolas II est réclamé de toute part ; mais où le placer ? un correspondant désigne l'avenue d'Antin.

Signalons aussi l'idée de donner aux enfants qui naîtront pendant « la semaine russe » les prénoms des souverains ; et aussi celle de nommer une commission d'études qui aurait pour objet l'unification, à partir de 1900, des calendriers des deux nations !

Et n'oublions pas non plus le « vieux soldat » qui nous écrit pour exprimer le vœu qu'en souvenir des fêtes les gouvernements russe et français distribuent *mutuellement* une médaille commémorative aux survivants de la guerre de Crimée... Est-ce tout ? Non. Et bien des lettres seraient encore à citer. Je ne parle pas des innombrables « poètes franco-russes » à qui les

événements actuels ont révélé une vocation qu'ils s'ignoraient, et
qui nous accablent de leurs strophes...

> Que toujours la douce harmonie
> Soit le mobile et l'objectif
> De la France et de la Russie,
> Pour notre intérêt respectif.
> Etc., etc.

Les poètes. ils ont été légion ; il faudrait dire, pour être exact,
les poètes et les poétesses, car nos confrères du beau sexe eu-
rent le vers particulièrement fécond. Qu'il nous suffise de reproduire cet hommage à la grande-duchesse Olga, œuvre d'une
muse « adhérente à la Société des gens de Lettres » :

> Lorsqu'elle vint à nous. l'auguste mignonnette,
> Ouvrant une aile pure à son vol gracieux,
> Je crus que, pour fêter la noble Csarinette,
> Une blanche colombe accourait vers nos cieux.
>
> Admirant de plus près sa beauté sans mélange,
> Et ses petits baisers, lancés à pleines mains,
> Je pensai que le Ciel députait un archange,
> Pour saluer aussi, nos *hôtes souverains*.
>
> Et, lorsqu'elle franchit, dans son apothéose,
> L'enceinte de ce peuple, acclamant son berceau,
> Belle, elle m'apparut, comme un bouton de rose,
> Comme un lis s'entr'ouvrant dans un royal landau.

Enfin, pour en revenir à la vulgaire prose, nous avons la lettre
du russophile... un peu prodigue, qui voudrait que la ville de
Paris achetât la maison qui fait face à l'église de la rue Daru
et la rasât, pour mettre un square en face de l'église et donner un
peu d'air au quartier.

Mais tout cela ne suffit pas encore : « Savez-vous, nous écrit un
lecteur étranger, ce qu'il faudrait faire pour réjouir vraiment le
cœur du Tsar ? Il faudrait qu'au moment où Nicolas II descendra
de bateau à Cherbourg, la France proclamât le rétablissement de
la monarchie! »

Parions que personne, au conseil des ministres, n'avait pensé à
cela ! Et pourtant il a raison, le lecteur étranger ; c'eût été là un
clou.

LE TSAR ARRIVE (*Kikeriki*, de Vienne.)

A droite les officiels venant au devant du souverain ; à gauche, les socialistes s'empressant de prendre la fuite. La façon dont ces derniers sont représentés ici, un entonnoir, un tonneau, des fourches, des haches, symboles du travail manuel, est habituelle à la caricature autrichienne.

BIBLIOGRAPHIE DES CARICATURES

Non reproduites dans le présent volume.

I. JOURNAUX FRANÇAIS.

LA CHRONIQUE AMUSANTE

Octobre-novembre. — Divers dessins à la russe, pour titres, par Moloch.

Ce journal, on le sait, a inauguré l'idée d'un titre différent pour chaque numéro.

LE COURRIER FRANÇAIS

20 septembre. — *Les Cosaques, les Cosaques !* Dessin de A. Willette.

Dans un village. Une vieille mère, un petit gosse sur les bras, un jeune garçon à ses côtés, derrière un mur de campagne, va voir passer les Russes, tandis qu'un vieux de la vieille, assis dans un fauteuil, en entendant pousser ce cri, se soulève automatiquement et sa main décharnée va droit à la faulx qui est à ses pieds.

4 octobre. — *Le Toast.* « *A.... sir Richard Wallace.* » Dessin de A. Willette.

Un camelot ayant en main les portraits des *dieux du jour*, va boire à une fontaine Wallace.

FIGARO

COMPOSITIONS DE CARAN D'ACHE.

21 septembre. — *A propos de bottes... de cheval. Nouvelle méthode de dressage en dix temps.*

Le dressage du public par M. Félix Faure. alors qu'il était question que le Président fût à cheval. Série de petites vignettes.

28 septembre. — *Paris fin septembre. — Avant la veillée des armes.*

Série de petites vignettes sur le costume du Président, sur les occupations de M. Bouvard. sur le protocole.

5 octobre. — *Demain. La veillée des armes.*

Attitude de différents personnages du jour, petits et grands, en présence de l'arrivée du Tsar : Félix Faure, l'agent de la sûreté, le mastroquet. le camelot. le pipelet, Montjarret. le tout se terminant par une fort spirituelle vignette. le lion britannique et l'aigle allemand en très déconfite attitude.

12 octobre. — *Après !... Déjà seuls !* (Madame R. F. — Monsieur Parlement).

Tout autour du tableau, comme sur le cadre d'une glace. de multiples inscriptions : Vive l'Empereur !

19 octobre. — *Migration d'oiseaux.*

Des cœurs ailés allant de Russie en France, « en passant par-dessus l'Allemagne ».
Très amusante et très spirituelle composition.

26 octobre. — *L'hiver futur à Paris. —* On ne portera que des modes à la russe..., les loups feront leur apparition et, à défaut de vrais glaçons sur les arbres, on en mettra d'artificiels.

Grande planche pleine de personnages.

2 octobre. — *Le Musée populaire en l'honneur du Tsar.*

Reproduction. sur une page, d'un certain nombre d'objets populaires fabriqués par l'industrie parisienne.

13 octobre. — *Demandez le succès du jour ! Demandez les bibelots franco-russes !!!* Chronique de Grand-Carteret, avec reproductions d'objets.

FIN DE SIÈCLE

4 octobre. — *Tout à la Russe !* par Jack Abeillé. Costume russe pour les bals, Thé russe, etc.

8 octobre. — *A la Russie ! A la France !* par Maurice Neumont.

> Le Tsar tendant la main à une Gauloise vêtue de braies.
> La fière Gauloise aux yeux bleus,
> L'âme par la joie agrandie,
> Tend le breuvage généreux,
> Et dit : Je bois à la Russie

1er novembre. — *Salade russe*, par Maurice Neumont.

> Vignettes légères dont la légende suivante établira l'esprit de façon suffisamment claire : « Et dire que ces Russes sont tous plus roublards les uns que les autres !... »

LE GRELOT

1er novembre. — *Dernier écho des fêtes.*

> *Opportune-Méline.* — Je vous assure que c'est moi qu'il a remarquée !
> *Marianne-Bourgeois.* — Allons donc ! toutes ses œillades amoureuses étaient à mon adresse !...

LA LIBRE PAROLE ILLUSTRÉE

10 octobre. — *Le Tsar a été enthousiasmé de la décoration très artistique de certaines rues.*

> Les trottoirs sont noirs de sergents de ville et la chaussée entièrement vide.

17 octobre. — *Galas et réceptions.* Le Tsar ! nous l'avons déjà vu à Vienne et à Breslau.

> Satire sur le public judaïco-cosmopolite des grandes capitales.

LE PETIT JOURNAL (Supplément illustré.)

4 octobre. — *Bienvenue à l'Empereur.*

> Composition allégorique de Méjanel.
> Dans le même numéro portraits de l'Empereur et de l'Impératrice, en costumes de ville.

25 octobre. — *Le nez de la Triplice,* imité du Laocoon antique, caricature de H. Meyer.

LE PÈRE PEINARD

25 octobre. — *Le père Peinard.* — Espèce de gouape ! t'es propre... t'as trop fêté le Tsar.

25 octobre. — *La R. F.* — M'en parle pas, j'ai tellement
plié l'échine que je ne peux plus me relever.

Dialogue entre Popolo et Marianne couchée à terre.

LE PILORI

6 septembre. — *Pour recevoir le Tsar.*

Série de croquis par Fertom.

13 septembre. — *Coucou !...* par Jean Louis. « Soyez tranquille, Monsieur le Président, pendant que les
Russes seront ici, on ne la laissera pas mettre
le nez à la fenêtre. »

Marianne faisant apparaître à la fenêtre sa peu aimable figure.

4 octobre. — *Dernière répétition,* par Fertom.

Félix Faure, à cheval, recevant les compliments du prince
de Sagan, d'Arthur Meyer et du comte de Castellane.

18 octobre. — *Page de souvenirs,* par Fertom.

Le Tsar dans ses différents costumes.

LA SILHOUETTE

11 octobre. — *Vive la nourrice !!!* par Bobb.

Turcos et zouaves entourant la nourrice de la petite Olga
avec, comme légende : *La voilà, la voilà bien, la vraie
alliance franco-russe !!*

1er novembre. — *Le jour des Morts,* par Bobb.

Nicolas a dit à Féli.. ..sse :

« Paix à l'ennemi trépassé...

« Puisqu'elle est morte, la Triplice,

« *Requiescat in pace !* »

Les deux chefs d'État se donnant le bras, vont porter sur le
tombeau où reposent Bismarck, Crispi, Kalnocky, une couronne mortuaire avec les inscriptions : *Cherbourg — Paris
— Châlons.*

LA SOCIALE

13 septembre. — *Cynisme. Le journaleux. Pour le Tsar,
s. v. p.*

Allusion aux souscriptions qui devaient être ouvertes dans la
presse, pour offrir un souvenir au Tsar.

20.

20 septembre. — *L'arrivée du Tsar : Montez chez nous, petit père; nous serons bien co.....quettes !*

Le Tsar entouré par la Presse et la République. Devant **la** ville de Paris l'enseigne : « Au rendez-vous des monarques de partout. » Dans le lointain, Li-Hung-Tschang allant prendre le train !

27 septembre. — *Le nouveau costume du président.*

Félix Faure, en garçon de café, devant un café ayant pour enseigne : *Maison Félisque. Hôtel de Paris et de l'Élysée.* A une table le Tsar et la R. F. en train de consommer.

4 octobre. — *Mensonges officiels :* en présence de locatos expulsés.

Nicolas. — Qu'est-ce que ceux-là ?
Félisque. — Des provinciaux venus à Paris pour votre arrivée, Sire.

11 octobre. — *Mensonges officiels :* à l'arc de triomphe de l'Étoile, devant la *Marseillaise* de Rude.

Nicolas. — Keksékça ?
Félisque. — Ça, monsieur, c'est l'Hymne russe.

18 octobre. — *Nicolas.* Dis donc, Félisque, tes fêtes, tes dîners, tout ça c'est très chouette, mais cet emprunt ?
Félisque. — T'inquiète pas, Nicolas, ils sont chauffés, ça marchera.

Dans le fond, bustes de Napoléon et de Louis XIV coiffés de chapeaux.

LE SUPPLÉMENT

5 octobre. — *Vive le Tsar ! ! !* par L. Roze.
31 octobre. — *Revue Comique du mois,* par Gil Baer.
« La semaine russe. L'empereur Guillaume II étant très amateur de peinture allégorique, le *Supplément* a songé à lui offrir un tableau » *(Reproduction interdite.)*

Guillaume apercevant devant la glace d'un restaurant la R. F. et le Tsar affectueusement attablés ; sur les murs, on lit : *bière d'Alsace, vin de Lorraine.*

LE TRIBOULET

11 octobre. — *Consécration de l'Alliance franco-russe.*

> Du haut des cieux, les rois de France bénissent l'alliance de
> la France et de la Russie.
> Le Tsar et la R. F., l'un devant l'autre, chacun tenant un
> personnage chargé d'un boulet au pied.

27 octobre. — *Le traité franco-russe dévoilé.*

> La légende porte :

> Exclusion faite de la question de revanche : en revanche, le
> traité franco-russe se borne à l'échange réciproque de
> dispositions humanitaires. La France enverra en Sibérie
> ses condamnés de la Nouvelle-Calédonie, et, de son côté, le
> Tsar y expédiera ses déportés. De cette façon, ceux qui sont
> trop au froid pourront, au moins, goûter un peu de chaleur
> et *vice versa*.

LA VIE PARISIENNE

10 octobre. — *Comment on aurait pu recevoir le Tsar.*

> Appropriation à la circonstance du tableau connu de Mackart :
> Entrée de Charles-Quint à Anvers. A Versailles réception par
> les comédiens de la Comédie Française, les « seuls qui ne
> soient pas ridicules sous la perruque. »

31 octobre. — *Souvenirs de la semaine russe.*

> Notes et croquis militaires français (journal d'un sous-lieu-
> tenant.)

7 novembre. — *Les prochains Salons.*

> Les « russeries » de la peinture, avec amusants croquis-
> charge de Sahib.
> LE PROGRÈS, LA PETITE GIRONDE, et autres journaux
> de province, croquis de Henriot.

II. JOURNAUX ÉTRANGERS

DEUTSCHER MICHEL (Berlin.)

11 octobre. — *La puissance occulte ou le Tsar du monde.*

> La tête du Tsar, auréolée, au milieu du ciel, vers laquelle se
> tendent toutes les mains humaines. Légende :
> « Il est à des hauteurs où personne encore n'avait atteint.
> Toutes les mains se tendent vers lui. De lui tous les peuples
> attendent, comme don de joyeux avènement, le droit à l'exis-
> tence. »

Même numéro. — *Comme cela pourrait bien arriver.*

Un pioupiou français aidant une nourrice russe à pousser un char d'enfant sur lequel on lit Revanche, lorsque survient un prétendant à la couronne qui caresse le menton de la nourrice et finit par l'enlever au grand désappointement du pioupiou chauvin.

18 octobre. — *Gage d'amour.*

Le Tsar sortant d'un salon où se trouvent réunies toutes les puissances européennes, salué jusqu'à terre par un laquais (Félix Faure), tandis qu'à une autre porte apparaît la France, désireuse de connaître le résultat. Légende :
« *Le laquais.* — Madame espère que vous la mettrez à l'abri de vos créanciers par un engagement d'honneur. »
« *Le visiteur de marque.* — Madame Marianne est vraiment trop exigeante pour ces quelques jours d'hospitalité Mais voici un pourboire pour toi», (et il met une décoration dans la main du laquais).

DJABEL (Cracovie.)

16 octobre. — *Deux hommes.*

Le Tsar debout, les bras croisés, un chat venant se caresser contre ses bottes ; dans une niche, un chien ayant la tête de Bismarck. Dans le lointain, une ville toute pavoisée de drapeaux.

Même numéro. —

La France, en chef d'orchestre, faisant chanter les louanges du Tsar aux représentants de tous les partis : royaliste, bonapartiste, républicain, boulangiste, socialiste, anarchiste, capitaliste, etc.

FISCHIETTO (Turin.)

12 septembre. — *A propos de l'arrivée du Tsar à Paris : A cent ans de distance.*

Le cordonnier Simon, Danton, Marat et les tricoteuses.

29 septembre. — *Un peu de justice, à la fin.*

Nana, la tête en bas, fait des pirouettes devant le *Figaro* dont la première page est entièrement consacrée au Tsar à Paris.

10 octobre. — *La France russe.*

La R. F., à crête de coq, est étendue, à moitié nue, dans les bras de l'ours.

13 octobre. — *Lendemain d'orgie.*

La R. F. dans son lit, se soulève sur son séant. La descente de lit est une peau d'ours : à terre, bouteille de champagne et fleurs en papier. Dans le haut, une petite vignette représente Nana R. F. portée en triomphe par tous les partis.

FUN (Londres.)

6 octobre. — *Collaboration*

Lord Salisbury serrant la main du Tsar dans un esprit de pacifique collaboration, en vue de l'humanité.

HUMORISTISH ALBUM (Rotterdam.)

24 octobre. — *La Russomanie en France.*

Agents de police arrêtant un voleur, mais celui-ci ayant décliné ses noms et qualité. « Nicolas, natif de Russie, » les agents le mettent en liberté, tout aussitôt, aux cris de : *Hurrah ! vive la Russie !*

HUMORISTISCHE BLÆTTER (Vienne.)

18 octobre. — *La visite de l'Empereur Guillaume à Essen.*

L'alliance de la boisson.

Le Tsar et Félix Faure trinquant, le verre en main, et à portée du canon.

Il est appuyé sur un canon de la fabrique Krupp, à Essen, et la légende porte : « Si seulement quelque grande disette, dans un pays, succédait à cette alliance de la boisson, on pourrait au moins aisément la calmer avec Essen (c'est-à-dire. — *essen* en allemand voulant dire : *manger*, — avec la nourriture Krupp.)

HUMORISTICKÉ LISTY (Prague.)

23 octobre. — *La balance de l'Europe.*

Une balance dont les fléaux sont tenus par l'aigle russe. Dans un plateau, la Prusse assise sur un sac d'écus passablement dégonflé, avec l'inscription *Krach italien*. John Bull s'y accroche de sa masse puissante pour essayer de le faire peser plus. Dans l'autre plateau : le Russe assis paisiblement, les bras croisés, sur un sac d'écus, *finances françaises*, tellement plein que, du col, s'échappent plusieurs pièces d'or.

JUDY (Londres.)

9 septembre. — *France : Moi d'abord, Monsieur ! — Le Czar : Que le diable emporte toutes ces façades (à décorer).*

La Russie personnifiée par un personnage colportant des décorations : autour de lui les puissances européennes, l'Angleterre, l'Italie, l'Autriche, une simple décoration sur la poitrine, tandis que l'Allemagne se baisse pour en ramasser et que la France est chamarrée d'ordres et de croix de toutes sortes, jusqu'à la pointe de ses moustaches. Allusion à une nouvelle, alors donnée par les journaux anglais, que le Tsar allait dépenser plus d'un million de roubles en diamants et décorations.

23 septembre — *La rue se fait vide devant l'ours.*

L'ours russe apparaît dans la rue conduit par le Français : à cette vue tous les gens qui sont dehors, y compris le policeman, se sauvent, pris de frayeur.

JUGEND (Munich.)

31 octobre. — *De quelle façon Félix Faure montra au Tsar les monuments de Paris.*

Série de petites vignettes comiques : parmi les curiosités montrées de préférence, figurent le pont d'Austerlitz, le boulevard Sébastopol, l'avenue de Friedland, et l'endroit où, en 1867, eut lieu la tentative d'assassinat sur Alexandre II.

Même numéro. — *De quelle façon, en France, les grands enfants attendent tout de leur saint Nicolas.*

Un Cosaque tenant en main une énorme montre et ayant, dans une hotte, Metz et Strasbourg.

DER JUNGE KIKERIKI (Vienne.)

25 octobre. — *A la bonne heure ! Cela va bien ! Le bonnet de la Liberté lui-même ne me déplaît point dans cet arrangement.*

L'ours russe dansant devant un knout sur lequel est un bonnet phrygien, avec l'inscription : *Vive l'Empereur !* coiffé du chapeau impérialiste.

LA RANA (Bologne.)

9 octobre. — *Le comble de la frénésie : spectacle excentrique, animalesque, fin de siècle.*

L'ours couronné, sur un chariot, traîné par cinq coqs gaulois. Guettant son passage, trois autres animaux, le renard prussien, la girafe anglaise, le hibou italien.

LUSTIGE BLAETTER (Berlin.)

N° 43 (octobre). — *La fin du bacchanal.*

La R. F. étendue sur un canapé, une coupe de champagne en main, dans une pose plus que légère. A ses côtés, le Tsar en satyre. Derrière le souverain l'inscription : « Vive l'Empereur! ». Sur les hauteurs, dans les nues, la vraie République tenant en main les tables de l'Evangile républicain.

Ce numéro a été saisi à Paris, dans les kiosques.

NEBELSPALTER (Zurich.)

31 octobre. — *Haute politique.* Le Tsar et l'Empereur d'Allemagne trinquant avec des vins français. Au-dessous, la légende suivante :

Nicolas. — Entre nous, cousin, ce sont, décidément, des gars épatants, ces Français !
Guillaume. — Oui, cousin, surtout lorsque l'on trinque avec eux.
Nicolas. — Bien entendu. Ainsi donc alliance. Silence !

LE PETIT BLEU (Bruxelles.)

4-12 octobre. — Série d'articles sur le voyage du Tsar en France, avec vignettes et quelques petits croquis amusants qu'on chercherait vainement dans les illustrés de Paris.

PICTURE POLITICS (Londres.)

11 octobre. — Fascicule d'octobre-novembre.

Le prince de Galles et le Tsar, tous deux en chasseurs écossais.

PUCK (Copenhague.)

18 octobre. — Paysan russe et paysanne bretonne se tenant par la main. Dans le fond, émergeant des nuages, le buste de Napoléon. — Et on lit :

Ou ? — Ou bien ? — Ou tous les deux ?
Avant la fin du siècle, l'Europe sera républicaine ou cosaque.
(Napoléon à Sainte Hélène.)

PUNCH (Londres.)

3 octobre. — *Béni soit le pacificateur !*

Le Tsar prenant congé de la reine Victoria en lui baisant la main.

RUGANTINO (Rome.)

11 octobre. — *Nicolas à Paris. Arrivant à Paris vêtu du costume de conducteur russe et repartant en colonel des conducteurs français.*

A son arrivée, il porte à la main et a sur la tête et sur la poitrine des tiroirs vides : à son retour, il traîne des tiroirs pleins de sacs d'écus pour l'emprunt russe.
Image coloriée.

STYX (Buda-Pesth.)

11 octobre. — *L'alliance franco-russe.*

L'Empereur d'Allemagne bénissant l'union de Russikoff Petz avec Mademoiselle Françoise. Même idée que la caricature du *Moonshine* ici reproduite (voir page 63) mais rendue de façon plus comique.

SUDDEUTSCHER POSTILLON (Munich.)

N° 333. — *Dieu bénisse le Tsar !*

Tous les souverains, toutes les nations saluent le Tsar. Au-dessus comme ornement, un diable rouge posant une couronne sur sa tête, tandis que, dans le bas, des exilés en Sibérie, tendent vers lui leurs poings impuissants. (Planche en couleurs.)

N° 342. — *La R. F. pesant dans une balance, d'un côté le socialisme (Bebel et Bueb), de l'autre côté le Tsar sur un sac d'écus (c'est ce dernier qui pèse le plus.)*

Même numéro. — *Tous les hommes de 93 assistant, du haut des cieux, au spectacle de la R. F. léchant les bottes du Tsar.*

ULK (Berlin.)

30 octobre. — *Félix Faure. Coup d'œil sur l'avenir de sa garde-robe.*

Et l'on voit une série de costumes accrochés à des porte-manteaux commençant à l'habit de cérémonie avec le grand cordon de la Légion d'honneur, pour recevoir le Tsar, et finissant au tablier de cuir de l'ouvrier tanneur.

Même numéro. — *1812-1896.*

I. La g-r-ande nation conduite par Napoléon, marchant, armée, sur Moscou. — II. Le train impérial russe allant à la conquête de Paris. Si l'on se base sur de pareils sentiments, on peut espérer, dit le *Ulk*, que dans 84 ans aussi, la perte de l'Alsace-Lorraine sera oubliée.

WIENER LUFT (Vienne.)

Septembre. — *Von Zarenbesuch.* (A propos de la visite du Tsar à Vienne).

Série d'amusantes vignettes se terminant par ce cri du cœur du chef de la police : « Enfin le voici loin de la frontière ! Dieu soit loué ! Tout s'est bien passé, sans accroc ! »

L'HYPNOTISEUR RUSSE.

— Madame, qu'est-ce cela ?
— *La France* : Egalité, Liberté, Fraternité, Revanche !
(*Figaro* de Vienne, 26 septembre.)

Blague à tabac en cuir, avec dessus en
métal. — Le même objet existe avec d'autres
personnages franco-russes.

Tapis pour table de nuit imprimé en couleurs. — Le même a été fait pour Boulanger, Carnot, Félix Faure.

TABLE DES MATIÈRES

Vignette du *Wahre Jacob*.

A Vienne, à Breslau, à Copenhague, à Balmoral, partout où il passe, le Tsar retrouve comme au fond d'une chambre noire, le même cliché d'acclamations, si bien qu'il finit par croire qu'il n'a pas cessé de voyager dans sa chère Russie.

(*Kladderadatsch*, de Berlin, 10 octobre.)

TABLE DES GRAVURES

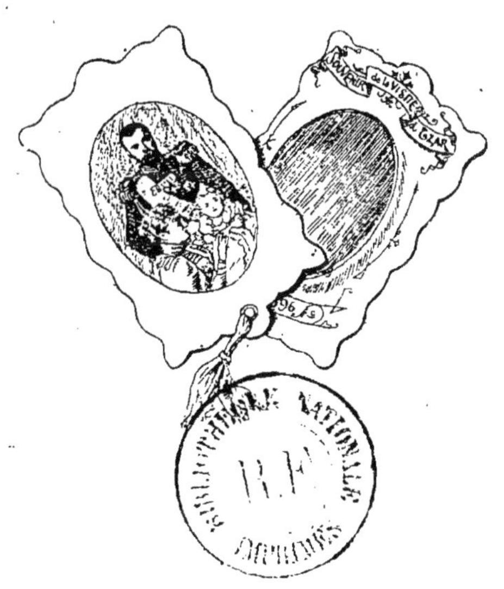

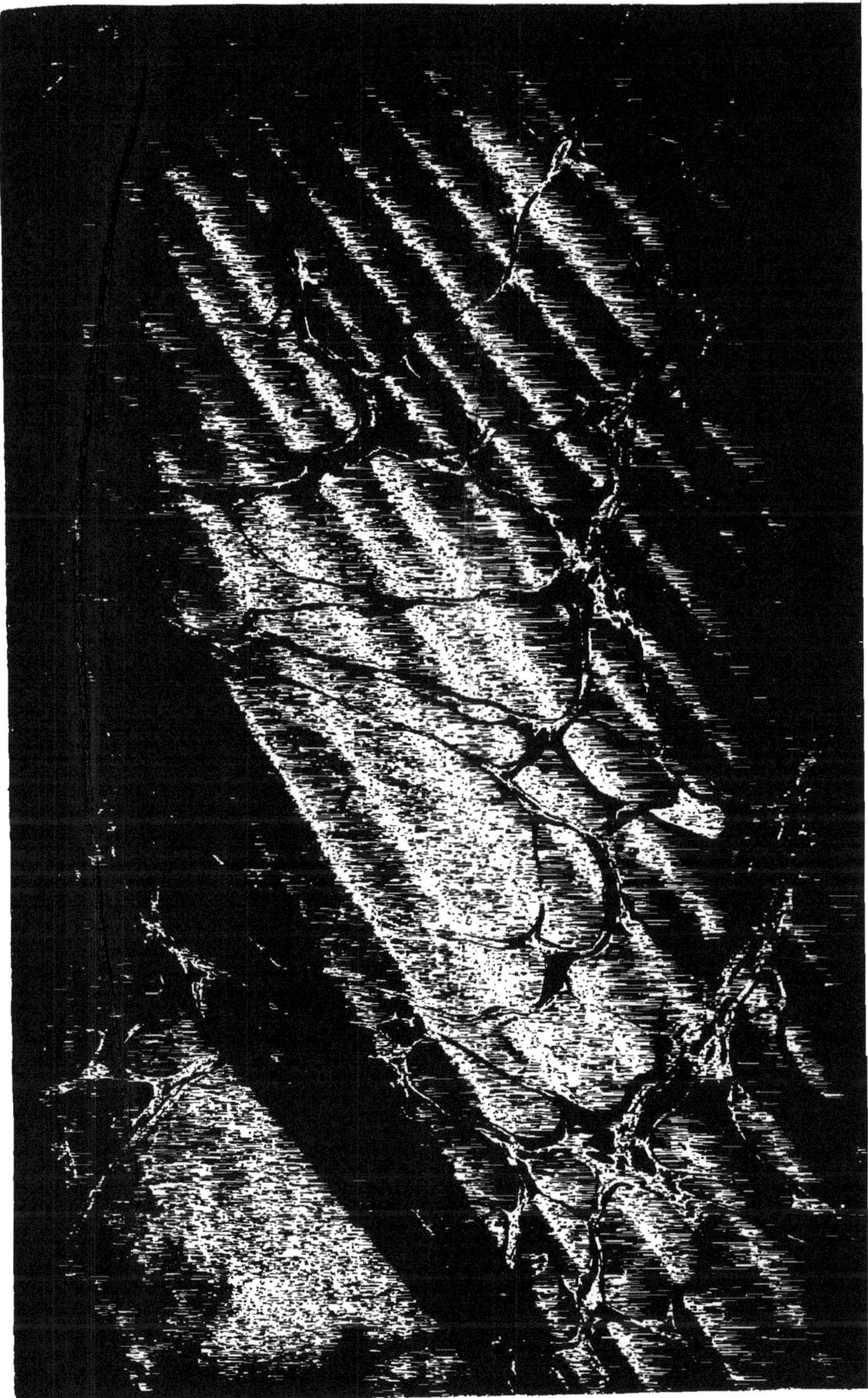

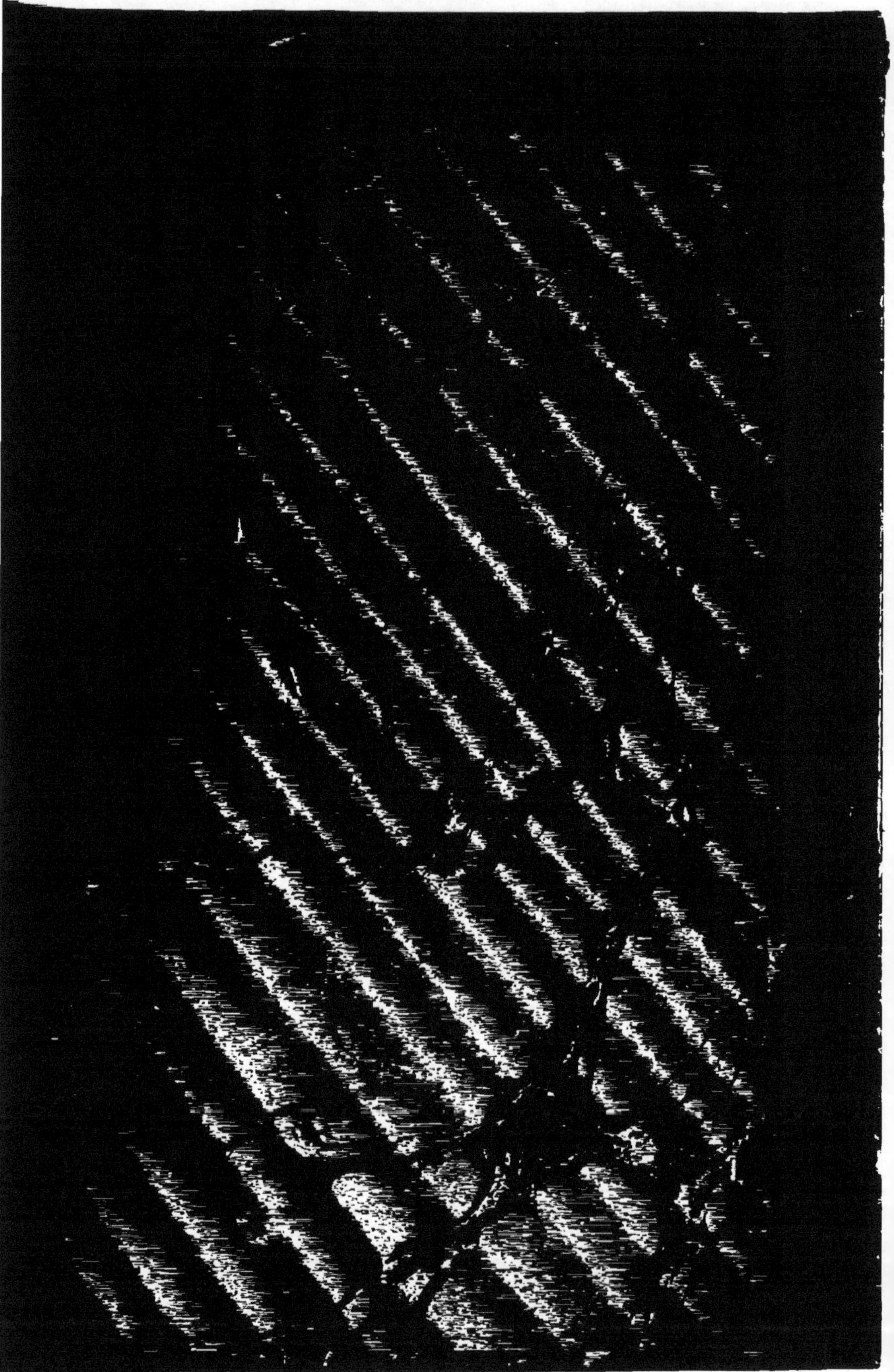

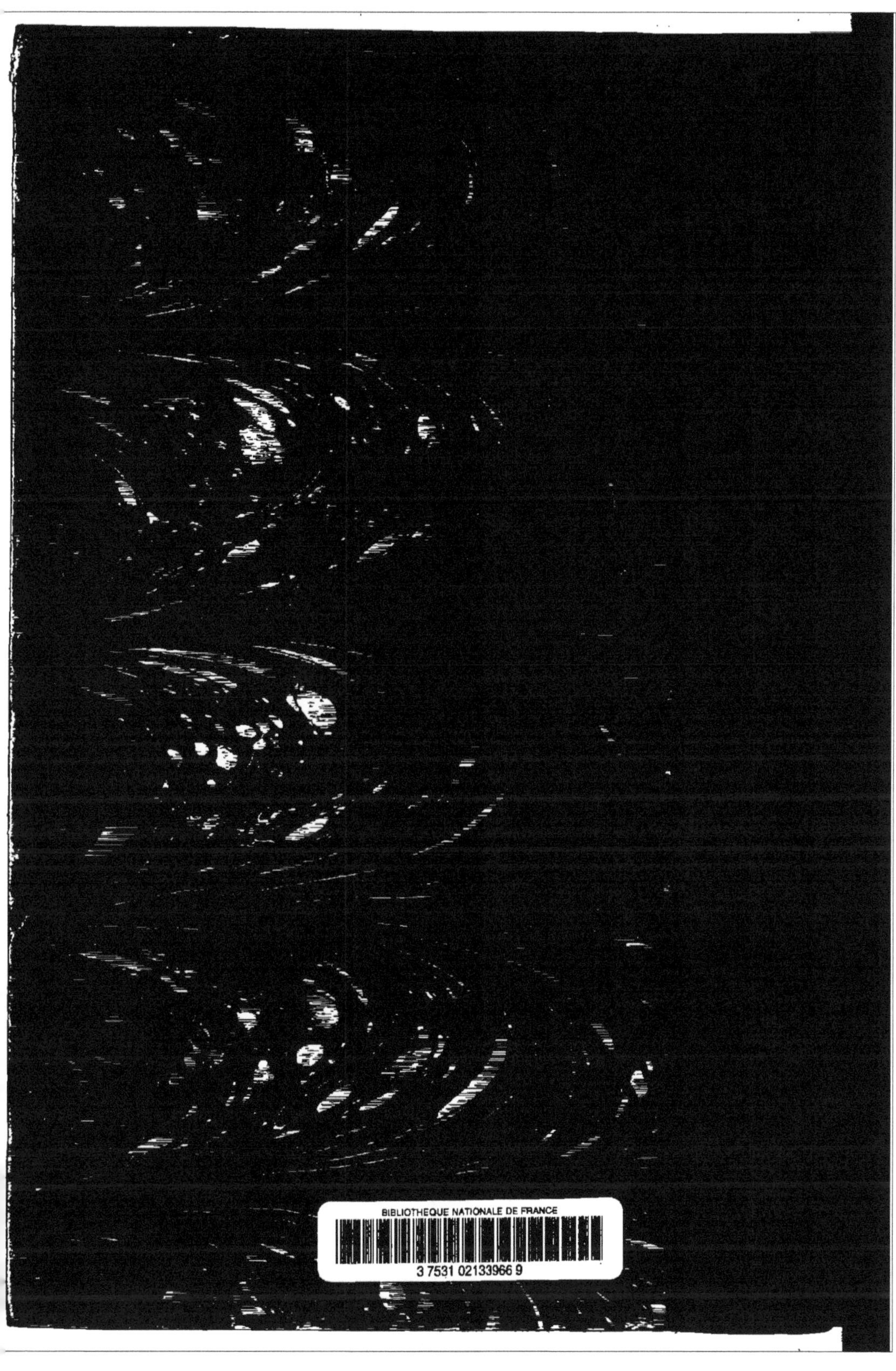